Rudolf Eisler

Die Weiterbildung der Kant'schen Apriroritätslehre bis zur Gegenwart

Ein Beitrag zur Geschichte der Erkenntnistheorie

Rudolf Eisler

Die Weiterbildung der Kant'schen Aprioritätslehre bis zur Gegenwart
Ein Beitrag zur Geschichte der Erkenntnistheorie

ISBN/EAN: 9783743611085

Hergestellt in Europa, USA, Kanada, Australien, Japan

Cover: Foto ©Thomas Meinert / pixelio.de

Manufactured and distributed by brebook publishing software (www.brebook.com)

Rudolf Eisler

Die Weiterbildung der Kant'schen Aprioritätslehre bis zur Gegenwart

Die Weiterbildung
der
Kant'schen Aprioritätslehre
bis zur Gegenwart.

Ein Beitrag
zur Geschichte der Erkenntnistheorie

von

Dr. Rudolf Eisler.

Leipzig.
Verlag von Wilhelm Friedrich.
1894.

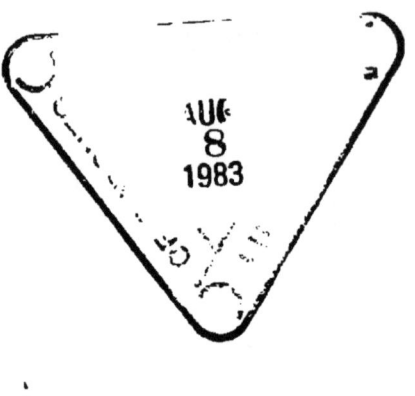

Alle Rechte vorbehalten.

Meinen Eltern.

Vorwort,

Die Geschichte der Philosophie ist zum guten Teile eine Geschichte der philosophischen Begriffe und Probleme. Der Zweck einer historischen Darstellung von Begriffsentwickelungen ist unschwer zu ersehen. Einerseits gewinnen wir dadurch die Einsicht in die letzten Konsequenzen, zu denen ein philosophischer Begriff im Verlauf seiner Entwicklung führt, andererseits ermöglicht uns diese Einsicht, dasjenige, was in einem Gedanken als richtig und haltbar sich bewährt hat, aufzufinden. Die mannigfachen Bekämpfungen und Weiterbildungen, welche die philosophischen Begriffe erfahren, bieten den Probierstein dar, an dem sie sich abschleifen, bis sie, von allen Schlacken gereinigt, in dem Ganzen der Erkenntnis ihre Stelle einnehmen können. Die einzelnen Weiterbildungen sind ebenso viele Experimente, welche die Philosophen mit denselben anstellen. Noch in einem zweiten Punkte hat die Entwicklung philosophischer Ideen eine Analogie zur Naturwissenschaft. Die Prinzipien aller Entwicklung, der Kampf ums Dasein und die natürliche Auslese, deren Giltigkeit nicht nur im Reiche des Anorganischen und Organischen, sondern auch in dem des Geistes, vor allem in der Sprachentwicklung sich bewährt, finden auch auf die philosophische Entwicklung ihre Anwendung. Freilich tritt hier die unbewufst wirkende Naturkraft fast ganz zurück hinter die bewufst schaffende Thätigkeit der einzelnen

Denker; aber auch diese ist stets bedingt durch eine Summe bestimmender Momente, äufserer und innerer. Im Unterschiede von der Naturentwicklung waltet das logische Prinzip in der philosophischen Entwicklung vor, ohne aber, wie Hegel meint, das alleinherrschende zu sein. Vorliegende Abhandlung unternimmt es, einen orientierenden Überblick zu geben über die verschiedenen Phasen, welche die Aprioritätslehre Kant's durchlaufen hat, um daraus zugleich die Bedeutung derselben für die heutige und künftige Erkenntniswissenschaft klarzulegen. Bei der Darstellung der einzelnen Philosophen ist die Anordnung so gewählt worden, dafs sich möglichst von selbst die fortschrittliche Entwicklung zeigt, ohne künstlicher Rubriken zu bedürfen. Die Scheidung der Philosophen in Anhänger und Gegner der Kant'schen Aprioritätslehre bezieht sich hauptsächlich auf die methodischen Prinzipien, welche sie dem Apriorismus nähert oder von ihm entfernt. Die ausführlichere Darstellung von Riehl und Wundt rechtfertigt sich durch den Umstand, dafs beide zu den Hauptvertretern der modernen Erkenntniswissenschaft gehören, und dafs bei ihnen Vieles, was sonst zerstreut vorkommt, zur systematischen Einheit verbunden ist. Eine historische Arbeit zu kritischem Zwecke, der Erkenntnistheorie dadurch eine neue Stütze zu geben ist die Absicht des Verfassers. Möge die Ausführung nicht zu sehr mit derselben kontrastieren.

Inhaltsverzeichnis.

	Seite
Einleitung	1— 7
I. Teil. Kant's Lehre von den apriorischen Erkenntniselementen	8—16
II. Teil. Die Entwicklung der Kant'schen Aprioritätslehre	17—88
I. Abschnitt. Die Anhänger der Kant'schen Aprioritätslehre	18—49
1. C. L. Reinhold	18—20
2. J. S. Beck	20—22
3. S. Maimon	22—24
4. W. T. Krug	24—26
5. J. G. Fichte	26—28
6. F. W. J. Schelling	28—29
7. G. W. F. Hegel	30—31
8. Schleiermacher	31—33
9. J. F. Fries	33—35
10. A. Schopenhauer	36—38
11. A. Trendelenburg	38—39
12. H. Lotze	39—41
13. F. A. Lange	41—43
14. H. Helmholtz	43—45
15. O. Liebmann	45—47
16. H. Cohen	47—49
II. Abschnitt. Die Gegner der Kant'schen Aprioritätslehre	49—83
1. F. H. Jacobi	49—51
2. G. E. Schulze	51—54
3. E. G. Bardili	54—56

	Seite
4. J. F. Herbart	56—59
5. F. E. Beneke	59—61
6. F. Ueberweg	61—63
7. E. v. Hartmann	63—66
8. E. Laas	66—69
9. A. Riehl	69—75
10. W. Wundt	75—83
III. Abschnitt. Die Bedeutung der Aprioritätslehre für die moderne Erkenntnistheorie	84—88

Einleitung.

Wenn auch die Frage nach dem Kriterium und nach der Quelle der wahren Erkenntnis bereits für die antike Philosophie ein Gegenstand der Untersuchung gewesen ist, so beginnt doch erst mit der Entwicklung der neueren Philosophie, als deren eigentlicher Begründer Descartes anzusehen ist, eine Ära, in deren Ablauf die Philosophen es sich angelegen sein lassen, positive Kriterien der Wahrheit aufzustellen und die Allgemeingiltigkeit unserer Erkenntnis aus bestimmten Bedingungen abzuleiten.

Für das naive Bewufstsein mit seiner völlig unkritischen Betrachtungsweise des Gegebenen giebt es noch keinen Grund irgendwie die Giltigkeit unseres Erkennens in Zweifel zu ziehn. Diese Thatsache gilt nicht nur für das individuelle Bewufstsein, sie wiederholt sich in der Entwicklungsgeschichte des philosophischen Denkens. Die ältern jonischen Natur-Philosophen nehmen diesen Standpunkt des naiven Denkens ein; sie vertiefen sich noch allzusehr in die Betrachtung der Naturerscheinungen, um ihr Augenmerk darauf richten zu können, ob ihren Spekulationen auch richtige Voraussetzungen zu Grunde liegen. Das Hauptergebnis der späteren philosophischen Untersuchungen bis Plato ist die Lehre von der Subjektivität unserer sinnlichen Wahrnehmung. Schon Demokrit gelangt zur Einsicht, dafs die Qualitäten der Empfindung nicht etwas Reales bedeuten können; die Thatsache, dafs ein und derselbe Gegenstand den verschiedenen Sinnen verschieden erscheint, mufs notwendig zu der Überzeugung führen, dafs die verschiedenen Qualitäten der Dinge als solche nicht in ihnen selbst, sondern im wahrnehmenden Subjekte begründet sind.[1]) Die sinnliche Wahrnehmung wird von Demokrit als dunkle Erkenntnis dem wahren, durch das Denken gewonnenen Wissen gegenüber gestellt. Inbezug auf die Thatsache der gegebenen Vielheit und Einheit, des Wechsels und des Beharrens, glauben, schon vor Demokrit, Heraklit und die Eleaten dieselbe zu einem Teile auf subjektiven Schein zurückführen zu müssen. Während Heraklit seine Aufmerksamkeit ganz besonders dem Wechsel des Geschehens in der Natur zuwendet und die gesamte Welt als im ewigen Flusse befindlich betrachtet, erklären die Eleaten alle Veränderung und Vielheit für blofsen Schein und fassen das Wesen der Welt als ewig sich gleichbleibende Einheit auf. Beide aber, Heraklit und die Eleaten sind darin einig, dafs sie die Welt der Vorstellungen als Erscheinung einer nur durch das Denken[2]) zu erkennenden Wirklichkeit ansehen.

Die Subjektivität der sinnlichen Wahrnehmung findet ihre Verallgemeinerung auf die gesamte Erkenntnis bei den Sophisten. Derjenige unter ihnen, der diese Subjektivität noch im besten Sinn auffafst, ist Protagoras. Sein bekannter Lehrsatz; „πάντων χρημάτων μέτρον ἄνθρωπος" drückt die Wahrheit aus, dafs alle unsere Erkenntnis eine relative ist, dafs das Erkannte ein Produkt der Wechselwirkung zwischen Objekt und erkennendem Subjekt ist. Während in Gorgias[3]) und anderen Sophisten der Skepticismus seine Schwingen zum ersten Male regt, wird der Gedanke, dafs die Wirklichkeit nur durch das Denken, nicht durch die Sinneswahr-

---

[1]) Vgl. Mullach, Demokr. Fragmenta 1.
[2]) Vgl. Zeller, Grundrifs d. Gesch. der griech. Philos. 4. A., S. 53.
[3]) Vgl. Zeller, Grundrifs, S. 80.

nehmung erreicht wird, von der Schule des Sokrates zu seiner ganzen Tragweite ausgearbeitet. Es ist das begriffliche Denken, das nun in präciser Weise als das alleinige Werkzeug der Erkenntnis angesehen wird. Nur das Seiende, d. h. das im Wechsel des Geschehens constant sich Erhaltende, ist der Erkenntnis zugänglich; von dem Nichtseienden, als dem Veränderlichen, giebt es kein eigentliches Wissen.[1]) So tritt bei Plato die sinnliche Wahrnehmung völlig in den Hintergrund. Das Seiende, welches in den allgemeinen Eigenschaften und Arten der Dinge enthalten ist, wird nur dadurch erkannt, dafs es in Begriffen fixiert wird und umgekehrt kommt nur dem begrifflich Gedachten wahres Sein zu.[2]) Innig verwebt mit dieser erkenntnis-theoretischen Grundanschauung ist Platos Lehre von den angeborenen Ideen, in welcher der gesamte Rationalismus seine Wurzel hat. Die Begriffe, mittelst welcher das wahrhaft Seiende erkannt wird, stammen nach Plato aus einer Periode der Präexistenz der Seele, in welcher sie der Anschauung der Ideen[3]), der ewigen Urbilder der Sinnenwelt, fähig war. So besteht denn, im Grunde genommen, alles Wissen[4]) in einer Wiedererinnerung und die Vernunft ist im Stande, aus sich selbst durch reines Denken Erkenntnisse zu produziren. Wenn auch Aristoteles die sinnliche Wahrnehmung als Erkenntniselement nicht in dem Mafse verwirft, wie Plato es thut, so läfst doch auch er alles wahre Wissen, das ihm um so objektiver erscheint, je allgemeiner sein Inhalt ist, aus dem begrifflichen Denken entspringen und er schreibt der Vernunft das Vermögen einer unmittelbaren, gegen allen Irrtum gesicherten Erkenntnis der allgemeinen Prinzipien der

---

[1]) Nach Parmenides. Vgl. Mullach, Fragm. 33 ff.
[2]) Republ. V u. VI.
[3]) Republ. X.
[4]) Die Objekte der Mathematik stehen mitten zwischen den Ideen und den sinnlichen Dingen und ebenso ist das mathematische Wissen selbst ein Mittelding zwischen begrifflicher und sinnlicher Erkenntnis.

Dinge zu.¹) Im Gegensatze zu Plato und Aristoteles findet die Empirie als die wahre Quelle der Erkenntnis ihre Betonung bei den Stoikern und Epikureern. Die Lehre von den allgemeinen Begriffen *(κοιναὶ ἔννοιαι)*, welche sich bei den Stoikern findet, stellt sich in bewußten Gegensatz zum Rationalismus, in dem nach ihr die allgemeinen Vorstellungen durch Schlüsse aus der Gesamtheit der Wahrnehmungen zustande kommen. Die Allgemeinheit und Gemeinsamkeit dieser Grundbegriffe bedingt ihre Überzeugungskraft, vermittelst welcher sie auf alle Einzelerfahrung bestimmend einwirken.²) Bei den Epikureern, für welche die Wahrheit der Wahrnehmung über allen Zweifel erhaben ist³), geht der Empirismus vollständig in Sensualismus über, als dessen unmittelbarer Nachfolger der Skepticismus sich einstellt. Pyrrho erklärt die Sinnenwelt für die Erscheinung einer uns gänzlich unbekannten Realität und hält es für das Beste, sich jedes positiven Urteils zu enthalten, da ein wahres Wissen für den Menschen unmöglich sei.⁴) An der ἐποχή Pyrrhos hält auch Arkesilaos, der Stifter der neueren Akademie, fest und betont noch energischer, daß es kein absolutes Kriterium der Wahrheit gäbe.

Die mittelalterliche Scholastik verfolgt im wesentlichen die von Aristoteles eingeschlagenen Bahnen und trägt in durchaus dogmatischer Weise die Lehre von den angeborenen Begriffen vor, durch welche wir zur Kenntnis der »ewigen Wahrheiten« gelangen. Erst am Eingange der neueren Philosophie wird der Versuch unternommen, ein bestimmtes Merkmal für die objektive Gültigkeit eines Bewußtseins-Inhaltes ausfindig zu machen, eine Aufgabe, welcher sich Descartes unterzogen hat. Nach ihm hat nur diejenige Erkenntnis als wahr zu gelten, welche sich auf klare und deut-

---

¹) Analyt. post. I 2, II, 19. Vgl. Zeller, Grundriß, 155 ff.
²) Vgl. Zeller, Grundriß, S. 204.
³) Vgl. Zeller, l. c. S. 225.
⁴) Vgl. Zeller, l. c. S. 234.

liche Vorstellungen bezieht¹), so z. B. die Vorstellung des eigenen Ich als eines denkenden Wesens, so die Vorstellung Gottes. Auch bei Descartes spielen die angeborenen Begriffe eine grofse Rolle; »angeboren« bedeutet nicht eigentlich, dafs es vor aller Erfahrung ursprüngliche bewufste Vorstellungen giebt, sondern nur dafs die Vernunft im Verlaufe der Erfahrungen aus sich selbst heraus zu gewissen, von allen Menschen als notwendig angesehenen Begriffen gelangt. Das psychologische Kriterium der wahren Erkenntnis, die Klarheit und Deutlichkeit der Vorstellungen läfst sich zurückführen auf die Bestimmtheit der mathematischen Gebilde und der aus ihnen abgeleiteten Sätze, wie denn auch Descartes in seinen erkenntnis-theoretischen Ausführungen vielfach von der mathematischen Erkenntnis ausgeht.²) Indem Descartes im Denken die alleinige Wahrheit erblickt, wird er zum Begründer des modernen Rationalismus, der in Spinoza, insbesondere aber in Leibniz seine Weiterbildung erfährt. Bei Leibniz gestaltet sich die Lehre von den angeborenen Begriffen so, dafs er noch viel entschiedener als Descartes nur von angeborenen Anlagen zu bestimmten Begriffsbildungen spricht. Den durch die Sinne gewonnenen thatsächlichen Wahrheiten stellt Leibniz die notwendigen oder Vernunftwahrheiten³) entgegen, welche nur der Aufmerksamkeit bedürfen, um als wahr anerkannt zu werden. Angeboren sind die Vernunftwahrheiten, sowie die aus ihnen sich ergebenden Sätze, weil der Geist sie aus seinem eigenen Innern zu schöpfen vermag und es zweifellos ist, dafs die Sinne nicht ausreichen, um deren Notwendigkeit einzusehen. In diesem Sinne ist nach Leibniz u. a. die ganze Arithmetik und Geometrie angeboren und potentiell, der Anlage nach, in uns enthalten. Die notwendigen Wahrheiten kommen uns aber erst zum Bewufstsein bei Gelegen-

---

¹) Meditat., übers. v. L. Fischer. Lpzg., S. 48.
²) Meditat. S. 48.
³) Nouv. ess. 1. B. C. I. § 5 ff.

heit der Erfahrung, wo sie sich aus der Tiefe des Bewufstseins, in dessen Natur sie im Keime begründet sind, zu fertigen Gebilden heraus entwickeln. Indem Leibniz die angeborenen Begriffe auf angeborene Funktionen des Bewufstseins reduziert, welche erst in und mit der Erfahrung sich bethätigen, stellt er sich nicht ohne Glück seinem Gegner Locke entgegen und nähert sich schon einigermafsen dem Kantschen Kritizismus.

Dem Empirismus Lockes, in welchem noch nicht jede Thätigkeit der Vernunft geleugnet wird, folgen auf dem Fufse die sensualistischen und materialistischen Systeme des 18. Jahrhunderts, welche beide darin übereinstimmen, dafs sie alle Erkenntnis aus der sinnlichen Wahrnehmung ableiten, und das Denken als eine blofse Modifikation der Empfindung betrachten, im geraden Gegensatze zu Leibniz, der in der Empfindung ein verworrenes Denken erblickt. Gehen Sensualismus und Materialismus im Anschlufs an Locke von der äufseren Erfahrung (sensation) aus, so versucht Berkeley die innere Erfahrung als die eigentliche Erkenntnisquelle zu erweisen. So gelangt er dazu, die Aufsenwelt für blofsen Schein zu erklären; wir halten nach ihm irrtümlicher Weise unsere Vorstellungen für an sich existierende Dinge, während es doch in Wahrheit keine andere Realität giebt als Geister und Gott, der in ihnen die Vorstellungswelt hervorbringt.[1]) Locke hatte die Empfindungsqualitäten für subjektiv erklärt und nur Ausdehnung, Widerstand und Härte für wirkliche Eigenschaften der Dinge ausgegeben. Berkeley hebt den Unterschied zwischen den ersten und zweiten Qualitäten [2]) auf und macht die Materie zu einem blofsen Bewufstseins-Phänomen, welches in allen Geistern gleicherweise sich darstellt und dessen Realität nur in der Allgemeingiltigkeit besteht.

Humes Skeptizismus darf nicht mit dem antiken Skep-

---

[1]) Principles of Human Knowledge, LXXXIX ff.
[2]) Princ. o. h. kn., IX.

tizismus auf eine Linie gestellt werden. Während der letztere von der Ansicht ausgeht, eine Erkenntnis von objektivem Werte sei überhaupt unmöglich, will Hume nur den Beweis erbringen, dafs gewisse allgemeine Begriffe, wie Substanz und Kausalität, ihre Notwendigkeit weder aus dem reinen Denken noch aus der Erfahrung erhalten. Im Begriffe der Ursache ist die Wirkung noch nicht enthalten; daher wird die Kenntnis der Kausalbeziehungen durch das Denken a priori nicht erreicht,[1] andererseits giebt uns die Wahrnehmung nur gewisse Successionen von Ereignissen, deren regelmäfsige Wiederkehr mittelst des Associations-Mechanismus in uns einen subjektiven, auf Gewohnheit sich stützenden Glauben erzeugt, dafs es sich damit auch ferner so verhalten werde.[2] So nimmt denn bei Hume der Kausalbegriff eine eigentümliche Stellung ein zwischen dem empirischen Erkenntnis-Inhalt und dem Lehrsätzen der Mathematik, welche apriorisch, d. h. auf rein analytischem Wege aus Begriffen heraus entwickelt werden, in welchen sie schon unentfaltet liegen. Allem Dogmatismus tritt Hume energisch entgegen, indem er darzulegen bemüht ist, dafs wir über die letzten Gründe des Weltgeschehens absolut nichts wissen können, da uns die Erfahrung über deren Beschaffenheit nichts sage und apriorisch sich über dieselben nichts ausmachen lasse.[3] Durch seine scharfsinnigen Untersuchungen hat Hume den Impuls gegeben, der den Kritizismus Kants ins Leben rief.

---

[1] Inquiry concerning human understanding, Abt. IV., Abschn. I.
[2] l. c. Abt. V. Ab. I.
[3] l. c. Abt. IV. Ab. I.

I. Teil.

Kants Lehre von den apriorischen Erkenntniselementen.

Die Aufgabe, die Kant in seiner Vernunftkritik sich stellt, hat eine zweifache Beziehung. Den Angriffen des Skeptizismus gegenüber will Kant die objektive Giltigkeit der wissenschaftlichen Erkenntnis darlegen; dem dogmatischen Verfahren in der Metaphysik will er ein für allemal ein Ende machen.[1]) Um seine Aufgabe zu lösen, macht er den Erkenntnisprozefs selbst zum Gegenstande der Untersuchung und unterzieht die einzelnen Elemente des Erkenntnis nach ihrem Werte für dasselbe der Prüfung, wobei er zugleich nach ihrem Ursprunge frägt.

Mit der Erfahrung beginnt nach Kant alle Erkenntnis; aber die Erfahrung selbst ist nichts lediglich von aufsen Gegebenes, sondern ein Zusammengesetztes aus dem Gegebenen, dem Stoffe der Wahrnehmung, und der Form derselben, so dafs Erfahrung erst durch diese Zusammen-

---

[1]) Kritik der reinen Vernunft. Hrg. von K. Kehrbach. Vorrede zur 2. Ausgabe. S. 21, 29 »vielmehr ist die Kritik die notwendige vorläufige Veranstaltung zur Beförderuug einer gründlichen Metaphysik als Wissenschaft.«

setzung zustande kommt.¹) Alles Wissen ist das Resultat einer Summe von Urteilen. Kant unterscheidet solche Urteile, in denen das vom Subjekte ausgesagte Prädikat schon in ihm enthalten ist, als analytische, von den synthetischen Urteilen, in welchen das Prädikat zu dem Subjektsbegriffe neu hinzukommt. Findet diese Verknüpfung auf Grund einer Erfahrung statt, so heifst ein solches Urteil ein »synthetisches Urteil a posteriori«; erfolgt sie unabhängig von der Erfahrung und besitzt sie das Merkmal strenger Allgemeinheit und Notwendigkeit, dann erhebt sich die Frage, worauf sich solche synthetische Urteile a priori stützen, da Erfahrung nur comparative Allgemeinheit zu geben imstande ist. Dafs es derartige Urteile giebt, beweist ihr Vorhandensein in der reinen Mathematik und der reinen Naturwissenschaft. Die Frage: Wie sind synthetische Urteile a priori möglich? und ihre Beantwortung ist der rote Faden, der sich durch die ganze Vernunftkritik zieht.²) Was versteht nun Kant des Weitern unter der Bezeichnung a priori?

Der Terminus a priori findet sich zum erstenmale bei Aristoteles, welcher die Erkenntnis eines Geschehens aus seiner Wirkung als a posteriorische, von der Erkenntnis aus der Ursache als einer apriorischen unterscheidet.³) In demselben Sinne wird das Wort in der scholastischen Logik gebraucht bis auf Leibniz herab, für den apriorische Erkenntnis zugleich die Bedeutung einer Erkenntnis aus Begriffen im Gegensatze zum empirischen Wissen besitzt.⁴) Der Unterschied zwischen apriorischer oder vernünftiger

---

¹) Vgl. Prolegomena, Hrgb. von K. Schulz. S. 52. Kr. d. r. V. S. 105.
²) Kr. d. r. V. S. 39—42.
³) Vgl. K. Merkel, Über die Entsteh. u. inhaltliche Veränd. der beid. philos. Ausdr. a priori u. a posteriori. In.-Diss. Halle 85. S. 13—17. Aristot. Analyt. poster. I. 2. „τὰ πρότερα καὶ γνωριμώτερα φύσει (ἁπλῶς) — πρὸς ἡμᾶς. (a priori — a posteriori).
⁴) Vgl. Merkel. S. 43—47. Erdmann, pag. 80, 379—80.

und Erfahrungserkenntnis findet sich auch bei Wolff[1]) und seiner Schule, insbesondere bei Baumgarten, von dem Kant das Wort a priori unmittelbar entlehnt hat, und bei Lambert, welcher ähnlich wie Kant das Formale der Erkenntnis von ihrem Stoffe trennt.

A priori sind nach Kant diejenigen Elemente in unserer Erkenntnis, welche nach Abstraktion von allem Zufälligen als notwendige und allgemeingiltige, daher von aller Erfahrung völlig unabhängigen Bestandteile zurückbleiben.[2]) Apriorisch ist all dasjenige, was die Erfahrung erst zu stande kommen läfst, ohne welches jede Erkenntnis undenkbar ist. Was in der Erkenntnis apriorisch ist, das kann durch Erfahrung niemals widerlegt werden, es ist in sich völlig klar und gewifs.[3]) Kant unterscheidet eine absolute apriorische Erkenntnis, in welche nichts Empirisches sich einmischt und eine relative apriorische Erkenntnis, welche neben apriorischen auch empirische Elemente enthält.[4]) Das Apriori ist nicht zeitlich aufzufassen, wenn auch Kant selbst manchmal an diese Bedeutung streift.[5]) Das Apriorische der Erkenntnis soll nur völlig unabhängig von aller Erfahrung aus dem Intellekte hervorgehen, es soll in ursprünglichen Formen desselben bestehen. Es ist kein Zweifel, dafs »Form« hier nicht eine Art geistigen Behälters bedeutet, in welchen das Mannigfaltige der Wahrnehmung aufgenommen wird. Die »Formen« des Bewufstseins sind nichts anderes als bestimmte ursprüngliche Funktionen desselben.[6]) Die

---

[1]) Psychologia rationalis, § 434, 438, 460, 491, 495.
[2]) Kr. d. r. V. S. 36.
[3]) Kr. d. r. V. S. 34. »Solche allgemeine Erkenntnisse nun, die zugleich den Charakter der innern Notwendigkeit haben, müssen, von der Erfahrung unabhängig, vor sich selbst klar und gewifs sein; man nennt sie daher Erkenntnisse a priori . . -«
[4]) Kr. d. r. V. S. 43.
[5]) Vgl. Windelband, Gesch. d. neuern Philos. 2. Bd. S. 58.
[6]) Vgl. Kr. d. r. V. S. 49. »Dasjenige aber, welches macht, dafs das Mannigfaltige der Erscheinungen in gewissen Verhältnissen geordnet angeschaut wird, nenne ich die Form der Erscheinungen.«

psychologische Bedeutung des Apriori ist nur sekundärer Art und tritt bei Kant völlig vor der logischen Fassung desselben in den Hintergrund, da es ihm nicht um die psychologische Ableitung der Erkenntniselemente, sondern um die Untersuchung derselben nach ihrem Erkenntniswert zu thun ist.[1]) Jedoch ist es ersichtlich, dafs Kant die psychologische Entstehungsweise des Apriori, da, wo er sie nicht andeutet, voraussetzt und dafs er in Bezug auf diese im wesentlichen mit Leibniz übereinstimmt; in diesem Sinne sind die apriorischen Formen der Anlage nach im Bewufstsein enthalten.[2]) Das »Apriori« ist als eine kurze Formel für die ursprüngliche Gesetzmäfsigkeit und Methodik des Erkennens und die Kennzeichen ihrer Äufserung zu betrachten.[3])

Unter synthetischen Urteilen a priori versteht also Kant diejenigen Urteile, welche unabhängig von aller Erfahrung mit strenger Allgemeinheit und Notwendigkeit gebildet werden, ohne blofs Begriffe zu analysieren. Hume hatte schon darauf hingewiesen, dafs Erfahrung kein notwendiges und allgemeines Wissen gäbe, und die Mathematik welche ein solches doch unzweifelhaft enthält, für eine analytische Wissenschaft erklärt, deren absolute Anwendung auf Gegenstände der Erfahrung anzuzweifeln sei. Kant schliefst sich der ersteren Behauptung an, verwirft aber die Auffassung der mathematischen Sätze als analytische Urteile.[4]) Die Grundsätze der reinen Mathematik, sowie auch der Physik sind synthetische Urteile, welche auf die Gegenstände, anwendbar sind und zwar aus dem einzigen Grunde, weil die Gegenstände, auf welche sie sich beziehen, nichts anderes sind als die Formen und Gesetze des erkennenden Bewufstseins selbst. Die Apodikticität und Apriorität der mathematischen

---
[1]) Ohne psychologische Voraussetzung ist aber das Apriori auch in seiner logischen Bedeutung haltlos. Dies gegen Cohen.
[2]) Kr. d. r. V. S. 49 »Die Form derselben (d. Erschein.) aber mufs zu ihnen insgesamt im Gemüte a priori bereit liegen, und daher abgesondert von aller Empfindung können betrachtet werden.«
[3]) Vgl. Proleg. S. 113.
[4]) Proleg. S. 43, 48.

und naturwissenschaftlichen Erkenntnis hat ihren Grund in dem Vorhandensein apriorischer Elemente, welche die Erfahrung konstituieren. »Es ist also nur auf eine einzige Art möglich, dafs meine Anschauung vor der Wirklichkeit der Gegenstände vorhergehe und als Erkenntnis apriori stattfinde, wenn sie nämlich nichts anderes enthält, als die Form der Sinnlichkeit die in meinem Subjekt vor allen wirklichen Eindrücken vorhergeht, dadurch ich von Gegenständen afficiert werde.«[1])

Die Formen der Sinnlichkeit sind nach Kant Raum und Zeit; dafs beide apriorische Formen sein müssen, sucht Kant auf verschiedene Weise darzuthun.[2]) Raum und Zeit sind dasjenige, worin sich die Empfindungen ordnen, darum können sie nicht selbst Empfindungen sein. R. und Z. sind nicht aus der Erfahrung abstrahiert, da eine jede einzelne Erfahrung beide notwendig schon voraussetzt, sie können auch nicht Begriffe sein, da sie nicht wie diese mehrere Vorstellungen unter sich befassen; es giebt nur einen Raum, eine Zeit, aus denen Teile herausgenommen werden, ohne dafs sie selbst aus Teilen bestehen. R. und Z. müssen unabhängig von aller Erfahrung sein; denn, meint Kant, wir können uns den gesamten Empfindungsinhalt hinweg denken, ohne damit R. und Z. zu entfernen, nicht aber umgekehrt verfahren. R. und Z. sind das Konstante, das nach Abstrahierung von allem Stoffe der Wahrnehmung als reine Anschauung zurückbleibt. A priori ist nicht die Raumvorstellung als solche, sondern blos die Bedingung zu ihrer Entstehung, die Funktion der Sinnlichkeit, die in Verbindung mit einem Empfindungskomplexe erst zu einer räumlichen Anschauung führt.[3]) »Raum und Zeit sind Anschauungen

---

[1]) Proleg. S. 60.
[2]) Kr. d. r. V. S. 51—53. S. 58—59.
[3]) Kr. d. r. V. S. 55. »Die beständige Form dieser Rezeptivität, welche wir Sinnlichkeit nennen, ist eine notwendige Bedingung aller Verhältnisse, darinnen Gegenstände als aufser uns angeschauet werden, und, wenn man von diesen Gegenständen abstrahiert, eine

a priori,« bedeutet des näheren, »sie sind die Formen des äufsern und des innern Sinnes«. Auf die Frage nach dem psychologischen Ursprunge der Raumvorstellung geht Kant nicht ein; im Bezug auf dieselbe ist er kaum zu den Nativisten, welche die Raumvorstellung für angeboren erklären, zu zählen.[1])

Findet die Mathematik bei der Bildung ihrer synthetischen Urteile a priori ihre Stütze in den apriorischen Anschauungsformen, so mufs es auch für die Sätze der reinen Naturwissenschaft, welche den gleichen Charakter der Notwendigkeit und Allgemeingiltigkeit besitzen, wie die Axiome der Mathematik, etwas geben, was die Grundlage für ihre Aufstellung gewährt. Diese Grundlage findet Kant in der Existenz reiner, d. h. von aller Erfahrung unabhängiger, schon vor dieser in der Getzmäfsigkeit des Verstandes begründeter Denkformen oder der Kategorien.[2]) Da die Thätigkeit des Verstandes im Urteilen besteht, so wird es, glaubt Kant folgern zu müssen eben so viele ursprüngliche

---

reine Anschauung, welche den Namen Raum führt«. Vgl. Kants Antwort auf Eberhards Frage in Philos. Magaz. I. 387—91 »... dieser erste formale Grund, z. B. die Möglichkeit einer Raumansch. ist allein angeboren, nicht die Raumvorstellung selbst.«

[1]) Diese Auffassung u. a. bei Riehl und H. Cohen doch scheinen mir beide, besonders aber Cohen mit seiner »Rettung« Kants zu weit zu gehen. Freilich ist bei Kant der Raum nicht vor aller Erfahrung im Bewufstsein vorhanden, er entwickelt sich in und mit der Erfahrung, aber einzig und allein aus der Natur des Bewufstseins, unabhängig von dem Empfind.-Inhalte. Vgl. Vaihinger, Kommentar 2. Bd. S. 87—88, 99—100. Helmholtz (Phys. Optik, S. 456) und B. Erdmann (Axiome d. Geometr.) nennen Kant einen Nativisten.

[2]) Kr. d. r. S. S. 86—87. »Wir werden also die reinen Begriffe bis zu ihren ersten Keimen und Anlagen im menschlichen Verstande verfolgen, in denen sie vorbereitet liegen, bis sie endlich bei Gelegenheit der Erfahrung entwickelt und durch eben denselben Verstande von den ihnen anhängenden empirischen Bedingungen befreiet, in ihrer Lauterkeit dargestellt werden.«

Verstandesbegriffe geben, als Arten von Urteilen existieren[1]); auf diese Weise stellt Kant als das Inventarium des reinen Verstandes seine zwölf Kategorien auf, welche in Verbindung mit den aus ihnen sich ergebenden Grundsätzen als apriorische Formen des Denkens jede Erfahrung erst ermöglichen.[2]) Hume hatte die Existenz einer wirklichen Kausalität in der Welt für problematisch erklärt, da Erfahrung uns darüber nichts lehren könne; Kant hingegen will zeigen, dafs wir eine notwendige und allgemeingiltige Erkenntnis von Kausalverhältnissen in der Welt besitzen, weil der Begriff der Kausalität unabhängig von aller Erfahrung zugleich mit ihr aus der Thätigkeit des reinen Verstandes ursprünglich hervorgeht. Wir vermögen die Ordnung und Gesetzmäfsigkeit in allem Geschehen zu erkennen, weil und soweit wir, in formaler Hinsicht, sie selbst hineinlegen.[3])

Da Raum und Zeit und die Kategorien nur Funktionen des erkennenden Bewufstseins sind, welche ohne Wahrnehmungsinhalt leer bleiben,[4]) so kommt Kant zu dem Resultate, dafs alle Erkenntnis sich nur auf Erscheinungen erstreckt[5]), d. h. auf die Dinge, wie sie sich in den Formen des Bewufstseins darstellen, nicht aber wie sie, unabhängig von diesem, an sich beschaffen sind. Wir haben daher kein Recht, über die Erfahrung hinaus zu gehen, indem die apriorischen Formen nur an und mit der Erfahrung ihre Leerheit ausfüllen und nur für sie ihre Giltigkeit bewahren. Das Ding an sich ist ein blofser Grenzbegriff, welcher nichts positives mehr enthält, nicht einmal das Prädikat der Gegen-

---

[1]) Kr. d. r. V. S. 96. S. 97. »Die wahren Stammbegriffe d. rein. Verstandes.«

[2]) Kr. d. r. V. S. 110, 113, 124.

[3]) Kr. d. r. V. S. 134.

[4]) Kr. d. r. V. S. 113, 223.

[5]) Die reinen Verstandesbegriffe beziehen sich auf die Erscheinungen vermittelst des transcendentalen Schematismus. Die Schemata sind »Regel der Synthesis der Einbildungskraft«, welche zu jedem Begriffe eine anschauliche Grundlage schaffen. Kr. d. r. V. S. 142—49.

ständlichkeit, da der Gegenstand überhaupt nichts weiter ist als die Einheit des Selbstbewufstseins, welche in die gegebene Mannigfaltigkeit hinein verlegt wird und dieselbe objektiviert. In jeder Erfahrung ist die synthetische Identität des Bewufstseins vorhanden und ihrer Gesetzmäfsigkeit sind alle Vorstellungen unterworfen.[1]) So kommen dieselben in notwendig bestimmte Verhältnisse zu einander, in eine Art »transcendentaler Affinität«, als deren blofse Folge die »empirische Affinität« (Association) sich ergiebt.[2])
So stellt sich Kant mit seiner Apriorisätslehre in Gegensatz zum Empirismus sowohl, als auch zum Rationalismus und vermittelt zugleich zwischen beiden, indem er in seiner Vernunftkritik einen realen Empirismus, nach welchem alles Wissen, soweit es sich auf die Gegenstände der Erfahrung bezieht, empirisch ist, mit einem formalen Rationalismus verbindet, für den es Erkenntnisse aus reiner Vernunft giebt, die aber freilich nur die Gesetze der reinen Vernunft selbst zum Gegenstande haben.[3]) Darum ist nach Kant weder die Erfahrung, noch das reine Denken imstande, über die Dinge an sich Aufschlufs zu geben, weil beide genötigt sind, in ihren Grenzen zu bleiben. Die Objekte der dogmatischen Metaphysik erscheinen ihm so als blofse Ideen, welche er als reine Vernunftbegriffe den apriorischen Verstandesformen parallel stellt und denen er aus denselben Gründen wie den letzteren alle transcendente Berechtigung abspricht. Die transcendentalen Ideen von Gott, Freiheit und Unsterblichkeit sind zwar im Wesen der menschlichen Vernunft notwendig begründet (hierin stimmt Kant mit dem älteren

---

[1]) Die Kategorien sind nichts anderes als ursprüngliche Verbindungsarten des Mannigfaltigen in der Vorstellung. Vgl. Kr. d. r. V. S. 95. »Die reine Synthesis, allgemein vorgestellt, giebt nun den reinen Verstandesbegriff.«
[2]) Kr. d. r. V. S. 125—26.
[3]) Vgl. Windelband, Gesch. d. neuern Philos. 2. Bd. S. 78. F. Paulsen, »Versuch einer Entwickel.gesch. d. Kant. Erkenntnistheorie. 1875« betont allzusehr das rationalistische Element in der Vernunftkritik.

Rationalismus überein), erzeugen aber in ihrer Anwendung auf das Übersinnliche nur dialektischen Schein.¹)

Wie grofs das Verdienst auch erscheint, das Kant sich durch seine genaue Analyse des erkennenden Bewufstseins nicht nur um die Philosophie, sondern um die Wissenschaft überhaupt erworben hat, so müssen wir doch eingestehen, dafs er in der Ausführung seiner Arbeit so manche Fehler begangen hat, Fehler, die um so verhängnisvoller geworden sind, da sie schon in der Grundlegung der Kant'schen Erkenntnistheorie stecken und den ganzen Bau unsicher machen. Kant ist durchaus im Recht, wenn er darlegt, dafs Erfahrung niemals zu Stande käme, wenn es nicht gewisse, im Bewufstsein begründete Bedingungen derselben geben würde, aber er hat durchaus nicht bewiesen, dafs Raum und Zeit von aller Erfahrung unabhängige Formen der Sinnlichkeit sind, noch dafs die Zahl seiner Kategorien wirklich ebenso viele ursprüngliche Grundformen des Denkens repräsentiert. Für die Behauptung, das Formale der Erkenntnis sei nur subjektiv, sind keine genügenden Beweise gegeben. ²) Diese »Lücke« in der Vernunftkritik ist es auch, worauf sich die meisten Angriffe gegen die Ausführungen der Vernunftkritik richten.³) Kants Hauptfehler wurzelt darin, dafs er bei seinen Beweisführungen für die Apriorität der Anschauungs- und Denkformen Schlüsse aus Prämissen zieht, die er zum grofsen Teile nicht sichergestellt hat.

---

¹) Proleg. S. 111.
²) Selbst die mathematischen Antinomien beweisen nicht die Subjektivität der Anschauungsformen; nach B. Erdmann (»Axiome der Geometrie«) ist Kant ursprünglich durch sie auf seinen Idealismus gebracht worden. Vgl. Vaihinger, Kommentar. 2. Bd. S. 302.
³) Vgl. Trendelenburg, Histor. Beiträge zur Phil., 1867. 3. S. 229—30. Schon vorher in den »Log. Untersuch.« 2. A. 1862. Dagegen K. Fischer »Logik und Metaphys.« 2. A. 1865. Gesch. der Philos. III. Bd. 2. A. Vorr. V. Über den Streit zwischen beiden Philosophen vgl. Vaihinger, Kommentar, 2. Bd. S. 290—326 S. 140 »Sachlich hat Trendelenburg doch Recht«.

II. Teil.

Die Entwickelung der Kant'schen Aprioritätslehre.

Zuerst mifsverstanden und von allen Seiten bekämpft, erlangte die Kant'sche Vernunftkritik, dank den immer zahlreicher werdenden Anhängern, bald eine epochemachende Bedeutung. In zweierlei Hinsicht hat die »Kritik der reinen Vernunft« die Entwicklung der nachkant'schen Philosophie beeinflufst: indem sie: 1. die Bildung einer Anzahl einheitlicher philosophischer Systeme gezeitigt und 2. den Grund zu einer wissenschaftlichen Erkenntnistheorie gelegt hat. Die erste Frucht der Vernunftkritik gewahren wir in den grofsen Systemen, welche zu Beginn des 19. Jahrhunderts entstanden sind. Es ist der positive Inhalt der Kant'schen Erkenntnistheorie, der in diesen Systemen seine Weiterbildung erfährt, indem die verschiedenen Konsequenzen, die sich aus demselben ergeben, wirklich gezogen und zum Abschlusse gebracht werden. Neben diesen Systemen werden schon bald nach Erscheinen der »Kr. d. r. V.« die ersten Ansätze zur Umgestaltung der Apprioritätslehre gemacht. So gelangt die Methode Kants, sein Kritizismus, zur Ausbildung.

Die Entwicklung der Kant'schen Lehre von den apriorischen Erkenntniselementen wird sich am besten nach dem Gesichtspunkte darstellen lassen, dafs wir in je einem Abschnitte die Anhänger und die Gegner dieser Lehre getrennt behandeln.[1]) Es soll damit nicht geleugnet werden, dafs beide Parteien in diesem oder jenem mit einander übereinstimmen; insbesondere wird es sich zeigen, dafs die Gegner der Kant'schen Apriroritätslehre nicht durchweg alles Apriorische in der Erkenntnis ablehnen.[2])

I. Abschnitt.
Die Anhänger der Kant'schen Apriroritätslehre.

1. Karl Leonhard Reinhold.

Reinhold macht es sich zur Aufgabe, die Kant'sche Vernunftkritik schärfer zu begründen, als Kant selbst es gethan habe, indem er versucht, ihre Lehren aus einem obersten Satze abzuleiten. Zu diesem Behufe stellt er seinen Fundamentalsatz des Bewufstseins auf: »Im Bewufstsein wird die Vorstellung vom Vorstellenden und Vorgestellten unterschieden und auf Beides bezogen.« Daraus ergiebt sich nach Reinhold die Zerlegung der Vorstellung in den Stoff als dasjenige, was dem Objekte und in die Form, welche dem Subjekte zukommt.[3]) Es ist eine innere Bedingung der Vorstellung, eine Form zu besitzen; das ergiebt sich auch aus dem Wesen des Vorstellens, welche Thätigkeit nichts anderes

---

[1]) Mafsgebend für diese Einteilung ist die bewufste Stellung der betreff. Philosophen zu oder gegen Kant.
[2]) Vgl. M. Heinze, Ernst Platner als Gegner Kants. Progr. Leipzig. S. 14.
[3]) Versuch einer neuen Theorie d. menschl. Vorstellungsvermög. 1789. S. 235.

ist, als »einen Stoff zur Vorstellung empfangen (nicht geben) und ihm die Form der Vorstellung erteilen«.¹) Die Formen der Vorstellung gehen hervor aus der Beschaffenheit der Empfänglichkeit des Bewufstseins für den Stoff, der Rezeptivität, und der Spontaneität, als der Thätigkeit des Vernunftvermögens, durch welche die blofse Form an dem Stoffe hervorgebracht wird.²) Die Formen der Vorstellung sind apriorisch, d. h. sie sind notwendige Bestandteile einer jeden Vorstellung, welche dem vorstellenden Subjekte in und mit dem Vorstellungsvermögen gegeben und in demselben vor aller Vorstellung anzutreffen sind.³) Unter Vorstellungen a priori versteht Reinhold »die Vorstellung von den a priori bestimmten Formen der sinnlichen Vorstellung, der äufseren und der inneren Anschauung.«⁴) Raum und Zeit sind nicht apriorische Vorstellungen. Kant hat den unleugbar empirischen Ursprung der Raumvorstellung niemals bestritten.⁵) Apriorisch sind nur die Bedingungen der Raum- und Zeit-Vorstellung; nur diese liegen als »Stoff a priori« im Subjekte begründet.⁶) Die Form der Spontaneität des Bewufstseins äufsert sich in der Verbindung der gegebenen Mannigfaltigkeit zur Einheit des Begriffes. Die Formen der Zusammenfassung in objektiver Einheit sind die Kategorien, bestimmte Handlungsweisen des Verstandes, welche den Begriffen ihre Form geben.⁷) Die Kategorien entspringen also unabhängig von aller Erfahrung unmittelbar aus dem reinen Verstande; in ihrer bestimmten Beziehung auf die Anschauungsformen heifsen sie Schemate.⁸) Erkenntnis kommt nur durch die Verbindung von Form und Stoff zu Stande und diese Ver-

---

¹) l. c. S. 264.
²) l. c. S. 275.
³) l. c. S. 291—92.
⁴) l. c. S. 385.
⁵) l. c. S. 391.
⁶) l. c. S. 305—6.
⁷) l. c. S. 458.
⁸) l. c. S. 466.

bindung ist eine ursprüngliche, da keines ihrer Bestandteile isoliert vorkommt.

2. Jakob Sigismund Beck.

Im Eingange seines »einzig möglichen Standpunktes«, legt Beck dar, dafs Kants Vernunftkritik in sich widerspruchsvoll und unsinnig erscheine, wenn man sie nicht von seinem (Beck's) Standpunkte auffasse. Kant behauptet zuerst eine Einwirkung von Gegenständen auf uns, und führt wiederum später aus, dafs die Kausalität als Kategorie blos auf Erscheinungen Bezug habe.[1]) Das Band zwischen Objekt und Vorstellung ist also völlig unbekannt, ja, die Frage nach einem solchen überhaupt unbeantwortbar, da sie schon ein Kausalverhältnis zwischen den Objekten und uns voraussetzt.[2]) Beck meint, Kant habe zu Beginn seiner Vernunftkritik, durch eine vorläufige Annahme gegenständlicher Einwirkungen auf uns, dem gesunden Menschenverstande ein Kompromifs machen wollen, um dann den Leser allmählich von der Unhaltbarkeit dieser Schein-Annahme zu überzeugen.[3]) Nach Kant sind Gegenstände weiter nichts als Objekte des Verstandes. Alle philosophischen Systeme, welche eine Verbindung zwischen Objekt und Vorstellung oder auch nur vom Bewufstsein unabhängige Objekte überhaupt voraussetzen, nennt Beck dogmatisch.[4])

Als höchstes Grundgesetz der Philosophie stellt Beck das Postulat auf, wir sollen uns in den Zustand des ursprünglichen Vorstellens versetzen.[5]) Das »ursprüngliche Vor-

---

[1]) Erläuternder Auszug aus d. krit. Schriften d. Hr. Prof. Kant. 3. Bd. 1796, S. 53—54.
[2]) l. c. S. 8. S. 53. Die Aufhebung eines Bandes zwischen Vorstellung und Objekt bezeichnet Beck als den »transcendentalen Standpunkt«, ihn habe auch Kant eingenommen. Vgl. l. c. S. 424.
[3]) l. c. S. 345.
[4]) l. c. S. 72.
[5]) l. c. S. 120.

stellen« ist das Apriorische in unserer Erkenntnis, es ist nichts anderes als der Verstandesgebrauch oder der Verstand selbst;¹) Sinnlichkeit und Verstand stehen sich nicht schroff gegenüber, wie Kant behauptet, sondern sind nur dem Grade nach von einander verschieden. Das ursprüngliche Vorstellen ist seinem Charakter nach Synthese des Mannigfaltigen zur Einheit des Bewufstseins.²) Raum, Zeit und die Kategorien sind Formen dieser Synthese. Raum und Zeit sind nicht mit den Vorstellungen von ihnen zu verwechseln, sie sind ursprüngliche Thätigkeiten des Verstandes und von den Kategorien nicht wesentlich verschieden. Die reine Raumanschauung ist nichts anderes als die ursprüngliche Gröfsenerzeugung oder die ursprüngliche Synthesis des Gleichartigen.³) Die Notwendigkeit der mathematischen Sätze beruht auf den Eigenschaften von Raum und Zeit, sich in der Konstruktion, d. h. durch die Zurückführung der Sätze auf die ursprünglichen Synthesen a priori darstellen zu lassen. Ein synthetisches Urteil a priori ist ein Satz, in welchem die Verknüpfung der Begriffe auf dem ursprünglichen Vorstellen selbst beruht.⁴) Das Wesen der Kategorien besteht in der Erzeugung der objektiven Einheit des Bewufstseins, d. h. in der Erzeugung des Begriffes von einem Gegenstande überhaupt.⁵) Die Gesamtthätigkeit des ursprünglichen Vorstellens gliedert sich in 3 Teile: In ein ursprüngliches Setzen eines Etwas (Gegenstand überhaupt), in die Anerkennung desselben durch Bestimmung und Fixation von Merkmalen, und in die Synthese des Gleichartigen zur Einheit.⁶) Da die Gegenstände unserer Erkenntnis nur Produkte der ursprünglichen Verstandesthätigkeit sind, so haben wir es nur mit Erscheinungen zu thun, deren wahre Korrelate uns unbekannt

¹) l. c. S. 371.
²) l. c. S. 144.
³) l. c. S. 141, 197.
⁴) l. c. S. 188.
⁵) l. c. S. 155.
⁶) l. c. S. 142—144.

sind. Was nach Wegfall aller Intelligenzen übrig bleiben würde, ist für uns unfassbar, weil dies über die Grenzen des Verstandesgebrauchs hinausgeht.[1]) Beck verwahrt sich jedoch energisch gegen eine Verwechslung seiner Lehre mit dem Idealismus Berkeley's.[2])

3. Salomon Maimon.

Maimons Erkenntnistheorie ist eine durch Kant stark beeinflufste Fortbildung Leibniz'scher Gedanken. Maimon ist Kantianer in dem Sinne, dafs er an der Unerkennbarkeit der Dinge an sich festhält. Auch darin stimmt er mit Kant überein, dafs Raum und Zeit Formen unserer Anschauungen sind, aber er leugnet die Reinheit der Anschauungsformen. Der Raum als subjektive Erscheinung mufs einen objektiven Grund haben.

In aller Erkenntnis sind zwei Bestandteile zu unterscheiden, die Materie oder das Gegebene, was am Gegenstand der Erkenntnis erkannt wird und die Form oder das, wofür das Gegebene erkannt werden soll.[3]) Materie und Form entstehen beide gleichzeitig als Produkte des Subjektes;[4]) das aufser-uns-sein einer Vorstellung bedeutet nur, dafs wir uns bei derselben keiner Spotaneität bewufst sind.[5]) Sinnlichkeit und Verstand sind ein und dieselbe Kraft; die Sinnlichkeit ist nur ein unvollständiger Verstand.[6]) Unter der Materie der Vorstellung ist kein Objekt, sondern sind nur die Ideen zu verstehen, in welche zuletzt die Wahrnehmung aufgelöst werden mufs, also die Elemente oder, wie Maimon sie nennt, die Differentiale der Wahrnehmung

---

[1]) l. c. S. 399.
[2]) l. c. S. 157.
[3]) Versuch über die Transcendentalphilos. 1790, S. 12.
[4]) l. c. S. 118.
[5]) l. c. S. 203.
[6]) l. c. S. 183.

zu einem bestimmten Bewufstsein.[1]) Die Formen der Sinnlichkeit sind Raum und Zeit, sie sind apriorisch, aber nicht rein, sondern selbst ein Mannigfaltiges, welches in der Verschiedenheit der Dinge seinen Grund hat;[2]) durch Einheit verknüpft sind sie zugleich die Formen für alle übrigen Anschauungen. Apriorisch ist nach Maimon diejenige Erkenntnis, welche die Form und Bedingung aller besonderen Erkenntnis ist und daher derselben vorausgeht, deren Bedingung aber keine besondere Erkenntnis ist.[3]) Rein ist all' dasjenige in der Erkenntnis, was nur dem Verstande, nicht der Sinnlichkeit entstammt; darum können Raum und Zeit als Prädikate der empirischen Anschauung selbst nur empirische, nicht aber reine Anschauungen heifsen.[4]) Der Raum als Anschauung ist die subjektive Art, die Verschiedenheit der Objekte, welche wiederum eine allgemeine Form des Denkens der Dinge überhaupt ist, vorzustellen.[5]) Die Behauptung Kants, der Raum sei als unendliche Gröfse gegeben, weist Maimon als unbegründet zurück; sowie der Gegenstand wird auch der Raum stets endlich vorgestellt.[6]) Während für Kant der Raum nur eine Form der Anschauung ist, erklärt Maimon, er sei als allgemeiner Begriff eine Form aller Objekte überhaupt. Die Formen der Sinnlichkeit haben ihren Grund in den allgemeinen Formen des Denkens.[7]) Die besonderen Formen des Denkens sind die Kategorien. Diese sind apriorisch und rein zugleich;[8]) sie sind nicht nur die Bedingungen aller Erfahrung, sondern auch schon jeder einzelnen Wahrnehmung, indem sie als Denken eines Gegenstandes und seiner Eigenschaften über-

---

[1]) l. c. S. 32, 205.
[2]) l. c. S. 134.
[3]) l. c. S. 55, 168.
[4]) l. c. S. 56—67.
[5]) l. c. S. 179.
[6]) l. c. S. 182.
[7]) l. c. S, 12.
[8]) l. c. S. 189.

haupt, die Gegenstände erst möglich machen. Durch das Denken werden die Vorstellungen auf einander bezogen und die Kategorien sind nichts anderes als die verschiedenen Formen dieser Beziehung. Man kann daher sagen, dafs die Kategorien dem Verstande angeboren sind, wenn sie auch nur bei Gelegenheit der Erfahrung zum Bewufstsein kommen.[1] Der Verstand unterwirft aber nicht etwas a posteriori Gegebenes und ihm fremd Gegenüberstehendes seinen apriorischen Gesetzen, sondern er läfst es vielmehr diesen Gesetzen gemäfs entstehen.[2] Die Axiome der Mathematik setzen stets Anschauung voraus und sind keine Erkenntnisse a priori, da sie der Erkenntnis des Gegenstandes nicht vorhergehen;[3] Die Notwendigkeit der mathematischen Sätze ist keine strenge, objektive, sondern eine blofs subjektive.[4] Das Urteil, eine gerade Linie ist die kürzeste Verbindung zwischen zwei Punkten, läfst sich auch deshalb als notwendig erklären, weil wir dieses Verhältnis immer so wahrgenommen haben und es den höchsten Grad der Wahrscheinlichkeit hat, dafs es sich damit immer so verhalten werde. Wahrhaft apriorische Erkenntnis kommt nur dem Denken zu, dessen oberstes Prinzip, der Satz des Widerspruchs (mit dem aus ihm sich ergebenden Satz der Identität) die allgemeinste Bedingung alles Erkennens ist. Was Kant Vernunftidee nennt, ist nur die formelle Vollständigkeit eines Begriffes.[5]

4. Wilhelm Traugott Krug.

Krug hat die Lehren der Kant'schen Vernunftkritik in gemeinverständlicher Form bearbeitet und dadurch viel zu ihrer Verbreitung, nicht minder aber auch zu ihrer Verflachung beigetragen. Ganz im Kant'schen Sinne glaubt er

---

[1] l. c. S. 44.
[2] S. 82.
[3] S 169.
[4] S. 173.
[5] l. c. S. 80.

zu verfahren, wenn er Philosophie als »die Wissenschaft von der ursprünglichen Gesetzmäfsigkeit oder von der Urform des Ichs« definiert.¹) Er nennt sein System, in welchem als oberstes, unbeweisbares Prinzip der Satz aufgestellt wird, dafs Sein und Wissen im Ich ursprünglich verknüpft sind »transcendentalen Synthetismus«.²) Diese apriorische Synthese ist eine Urthatsache, ein Grenzpunkt der Philosophie und als solcher nicht weiter deducirbar.³) Subjekt und Objekt sind ursprünglich gegeben und nicht Produkte der Reflexion. Wir haben daher von der Aufsenwelt ein unmittelbares Wissen; ein Beweis für ihre Existenz ist unerbringbar und überhaupt nicht nötig.⁴) Die rein philosophische Erkenntnis ist eine Erkenntnis a priori, weil sie sich auf das Ursprüngliche in uns bezieht. Ihre Methode ist die, dafs sie von Thatsachen des Bewufstseins, d. h. von inneren Erfahrungen ausgeht, um mittelst derselben das Ursprüngliche in sich selbst zu erforschen.⁵) Dieses Ursprüngliche aber stammt nicht aus der Erfahrung, weil wir die Erfahrung selbst dadurch uns erst erwerben. Das Ursprüngliche im Ich oder das reine Ich geht als das Transcendentale in uns der Erfahrung und dem empirischen Ich voraus und ist als Bedingung aller Erfahrung a priori bestimmt.⁶) Die apriorischen Formen des Bewufstseins sind keine Fachwerke, sondern im Subjekte begründete gesetzmäfsige Handlungsweisen desselben.⁷) Aus der Bearbeitung des gegebenen Stoffes der Erkenntnis durch die Formen der Sinnlichkeit (Raum und Zeit) und des Verstandes (die Kategorien) gehen unsere Vorstellungen als Produkte hervor.⁸) Die Formen der Er-

---

¹) Fundamentalphilosophie, 1818. S. 295.
²) Entwurf eines neuen Organons der Philos., 1801. S. 76.
³) Fundam.phil. S. 88 ff.
⁴) l. c. S. 126 ff. E. n. n. O. S. 37—40.
⁵) Entwurf e. n. Org. S. 96.
⁶) l. c. S. 101.
⁷) Fundam.phil. S. 151, 168.
⁸) l. c. S. 181.

fahrung stammen nicht aus den Sinnen, sondern sind ursprüngliche gesetzmäfsige Handlungsweisen des Ich. Das Ich oder sich selbst in der Einheit und Mannigfaltigkeit seiner Thätigkeit kennen zu lernen, ist der Zweck der Philosophie; diese hat kein gegebenes Fundament, sondern soll es sich selbst geben.[1])

5. Johann Gottlieb Fichte.

In erkenntnistheoretischer Beziehung führt Fichte die schon von Reinhold geforderte Ableitung der Kantischen Lehren aus einem obersten Prinzip konsequent durch.[2]) In der Aufstellung eines solchen Prinzipes, welches die ursprünglichste Thathandlung, aus der alle anderen folgen, formuliert, erblickt Fichte das Wesen der kritischen Philosophie[3]). Kant, meint Fichte, habe nicht erklärt, warum das Bewufstsein sich in seinen bestimmten Funktionen äufsere; er will daher die innere Notwendigkeit aufweisen, mit welcher sich das Bewufstsein bethätigt. Die Erkenntnis der Funktionen und der Entwicklung des Geistes ist nicht empirisch, nur aus sich selbst versteht die Vernunft ihre eigene Gesetzmäfsigkeit. Die Methode der Philosophie ist das »synthetische« oder »dialektische« Verfahren und besteht darin, dafs in einander entgegengesetzten Begriffen dasjenige Merkmal aufgesucht wird, worin sie übereinstimmen.[4])

Jede Philosophie ist nach Fichte kritisch, für welche das Ding nichts weiter ist als das im Ich Gesetzte, als ein Produkt des Ich; dagegen sieht der Dogmatismus das Ich

---

[1]) E. e. n. O. S. 107.
[2]) Grundlage der gesamten Wissenschaftslehre, 2. A. 1802. S. 343: »Sie (die Wiss lehre) stützt sich nicht auf das Zeugnis der inneren Erfahrung, sondern auf ihre Deduktion«.
[3]) Grundlage der gesamten Wissenschaftslehre, 2. A. 1802. S. 1, 2.
[4]) l. c. S. 31.

als bedingt durch die Dinge an.[1]) Darum ist der Kritizismus immanent, der Dogmatismus transcendent. — Das absolute Ich oder die absolute unendliche Thätigkeit setzt sich selbst in sich ein Nicht-Ich gegenüber.[2]) So sind denn Subjekt und Objekt beide Produkte der Selbstteilung der absoluten Thätigkeit. Es giebt keine Dinge an sich; der Satz des Bewufstseins: kein Objekt ohne Subjekt und umgekehrt weist darauf hin.[3]) Subjekt und Objekt sind beide blos Bestimmungen der einen unendlichen Thätigkeit. Erkenntnis ist nur deshalb möglich, weil Erkennendes und Erkanntes im Grunde identisch sind. »Insofern das Ich etwas in sich nicht setzen soll, ist es selbst Nicht-Ich.«[4]) Dem erkennenden Subjekte ist das Objekt als Stoff (d. h. als ein Teil der absoluten Thätigkeit) gegeben; die Form des Objektes jedoch hängt ganz von der Gesetzmäfsigkeit des erkennenden Subjektes ab, welches selbst erst durch die Setzung eines Objektes zur Intelligenz wird.[5]) Zugleich mit der unbewufsten Position des Objektes erzeugt das Ich Raum und Zeit, sowie die Kategorien, welche also, obzwar sie subjektiven Ursprungs sind, für die Dinge selbst Geltung haben, da diese durch dieselbe Thätigkeit (der produktiven Einbildungskraft) entstehen.[6]) So sind Form und Stoff a priori, d· h. sie sind ursprüngliche Bestimmungen des Ichs.[7]) Im eigentlichsten Sinne des Wortes aber sind nur die Formen der Erkenntnis a priori, Formen des Ich als Intelligenz; der Stoff der Erkenntnis dagegen leitet sich aus dem absoluten Ich, welches dem Erkennenden zu Grunde

---

[1]) l. c. S. 41.
[2]) l. c. S. 28 ff.
[3]) l. c. S. 131.
[4]) l. c. S. 117.
[5]) l. c. S. 223: »Das Ich als Intelligenz ist nicht Eins mit dem absoluten, schlechthin durch sich selbst gesetzten Ich«.
[6]) l. c. S. 415,
[7]) l. c. S. 113: »Materie und Form sind alle Ein und derselbe synthet. Zustand«.

liegt, her. Daher auch die objektive Gültigkeit unserer Erkenntnis. Hatte Kant die Idealität der Objekte auf Grund der Idealität von Raum und Zeit angenommen, so wird bei Fichte umgekehrt die Idealität von Zeit und Raum aus der Idealität der Objekte erwiesen.[1]) Ebenso wie die Anschauungsformen sind die Kategorien Funktionen der produktiven Einbildungskraft. Unter ihnen nimmt die Kausalität die erste Stelle ein, indem sie erst die Objekte des Bewufstseins zu Gegenständen macht. Fichte nennt sein System, in welchem »die Vorstellungen aus dem Ich nach einem bestimmten und erkennbarem Gesetze seiner Natur« sich entwickeln, einen quantitativen Idealismus,« welcher mit dem kritischen Idealismus Kants durchaus identisch sei.[2]) Kant setze da ein, wo die »Wissenschaftslehre« aufhöre.[3])

6. Friedrich Wilh. Joseph Schelling.

Von den verschiedenen Perioden, die Schelling's Philosophie durchgemacht hat, interessiert uns für unseren Zweck besonders sein System des transcendentalen Idealismus, welches die Prinzipien der Identitätsphilosophie schon durchweg enthält. Wie Fichte, dessen Schüler er in seiner Jugend gewesen und dessen synthetisches Verfahren er acceptiert, bildet Schelling mit der Methode und den Mitteln des Kritizismus die Grundlehren des Spinoza und Leibniz zu einer neuen Weltanschauung aus, von der auch seine Erkenntnislehre abhängig ist.

Das allgemeinste Prinzip, sowohl des Wissens als auch des Seins, die Identität und die Indifferenz beider, bezeichnet Schelling als das Absolute. Das ursprünglich Identische entzweit sich durch Akte der Selbstanschauung und Selbstbewegung, in denen es sich zum Subjekt-Objekt gestaltet.[4])

---

[1]) l. c. S. 135.
[2]) l. c. S. 132—33.
[3]) l. c. S. 445.
[4]) System des transcendental. Ideal. 1801. S. 67, 81.

Als die Offenbarung des Absoluten tritt die Natur auf; sie ist nichts anderes als die Form des Absoluten in der Erscheinung. So sind auch die Objekte nur Bestimmungen und Begrenzungen der absoluten Thätigkeit.[1]) Das absolute Ich ist der Grund und Inbegriff aller Realität; angeschaut werden und Sein sind eins und dasselbe.[2]) Vom transcendentalen Standpunkt an gesehen sind die Objekte nichts anderes als die produktive Anschauung selbst.[3]) Die Formen der Anschauung, Raum und Zeit, sind somit Formen der Objekte selbst; sie gehen hervor aus der Thätigkeit des reinen Ichs, welches aufserhalb aller Zeit liegt.[4]) Der Raum ist in Verbindung mit der Kategorie der Wechselwirkung die Form der Coexistenz,[5]) die Zeit die Form der Succession. Die Objektivität der Succession bedeutet idealistisch: »Ihr Grund liegt nicht in meinem freien und bewufsten Denken, sondern in meinem bewufstlosen Produzieren.«[6]) Die Kategorien sind Handlungsweisen des Ich, durch welche uns erst die Objekte selbst entstehen. Ursprünglichkeit besitzen nur die Kategorien der Relation.[7]) Die jedesmalige Bestimmtheit der Objekte und ihrer Eigenschaften erklärt sich daraus, dafs »ich im vergangenen Moment ein solches produziert hatte, was den Grund gerade dieser und keiner anderen Bestimmung enthielt.«[8]) Die »freie Wiederholung der ursprünglichen Reihe von Handlungen, in welchen der eine Akt des Selbstbewufstseins sich evolviert,« ist die Philosophie.[9])

---

[1]) l. c. S. 66.
[2]) l. c. S. 83.
[3]) l. c. S. 207—8.
[4]) l. c. S. 59—60. S. 217: »Nun ist aber der Raum nichts anders, als der zum Objekt werdende äufsere Sinn, die Zeit nicht anders, als der z. Obg. w. innere Sinn«.
[5]) l. c S. 231.
[6]) l. c. S. 223.
[7]) l. c. S. 232.
[8]) l. c. S. 246.
[9]) l. c. S. 96.

7. Georg Wilhelm Friedrich Hegel.

Die Methode Hegels, welche er seiner gesamten Philosophie zu Grunde legt, ist die dialektische; sie ist eine Weiterbildung des von Fichte begründeten synthetischen Verfahrens. Die Dialektik ist die wissenschaftliche Anwendung der in der Natur des Denkens liegenden Gesetzmäfsigkeit.[1]) Hegel betrachtet das Denken als eine Art von geistigen Mechanismus, welcher durch einen Reiz von aufsen, die Erfahrung, zu seiner immanenten Entwicklung getrieben wird,[2]) die darin besteht, dafs die endlichen Bestimmungen des Denkens (die Begriffe) sich selbst aufheben, in die entgegengesetzten Bestimmungen übergehen und mit diesen in einem höheren Begriffe sich vereinigen.[3]) Durch diese apriorische Gesetzmäfsigkeit des Denkens kommt allein »immanenter Zusammenhang und Notwendigkeit in den Inhalt der Wissenschaften.«[4])

Natur und Geist sind beide Erscheinungen des Absoluten oder der einen konkreten Idee, welche sich im Denken und in der Wirklichkeit gleicherweise darstellt. Die logische Entwicklung der Begriffe ist zugleich die Entwicklung der Wirklichkeit; der Begriff ist das Wesen des Dinges und hat, als objektiver Gedanke volle Wahrheit.[5]) Im Denken bringt der Geist sein eigenes Wesen zu seinem Bewufstsein. Das freie, in sich reflektirte Denken ist in seiner Unmittelbarkeit und Allgemeinheit das Apriorische in aller Erkenntnis.[6]) Als Erscheinung der absoluten Idee ist die Natur den Formen dieser Idee in ihrem Bei-sich-sein, d. h. des Geistes unterworfen. Raum und Zeit sind als die reinen Formen

---

[1]) Encyklopädie der philos. Wiss. im Grundrisse. Hrgb. von Karl Rosenkranz, 1870. (Phil. Bibl.) S. 40.
[2]) l. c. S. 41.
[3]) l. c. S. 103.
[4]) l. c. S. 104.
[5]) l. c. S. 55.
[6]) l. c S. 42.

der Sinnlichkeit, — das »Unsinnlich-Sinnliche«,[1] — zugleich die Formen der Dinge, indem für Hegel Subjekt und Objekt ihrem innersten Wesen nach identisch sind.[2] Der Raum ist die Abstraktion von der unmittelbaren Äufserlichkeit, die Zeit die Einheit der Äufserlichkeit oder das angeschaute Werden.[3] Die apriorische Thätigkeit des Verstandes besteht darin, dafs er Verhältnisse setzt von Allgemeinem und Besonderem, von Ursache und Wirkung u. s. w., und mittelst seiner Kategorien notwendige Beziehungen unter den Vorstellungen herstellt.[4] Die Erfahrung giebt kein notwendiges und allgemeines Wissen; dieses entsteht erst durch die apriorischen Formen des Denkens, welche an den Erfahrungsinhalt herangebracht werden.[5]

8. Friedrich Schleiermacher.

Nach Schleiermacher ist die Philosophie nicht selbst Wissenschaft sondern nur eine Kunstlehre des Denkens,[6] welche die Mittel an die Hand giebt, um uns dem Ideale des Wissens, der Identität von Denken und Sein, zu nähern. Nur durch das allen Menschen gemeinsame Denken und dessen Notwendigkeit und Allgemeingültigkeit können wir zum Wissen gelangen; darum ist die Philosophie Dialektik.[7] In unserem Wissen sind zwei Faktoren enthalten: 1. die durch die organische Funktion oder Sinnlichkeit gegebene Mannigfaltigkeit und 2) die Form derselben, welche aus der intellektuellen Funktion oder dem Denken entstammt. »Durch das Geöffnetsein des geistigen Lebens nach aufsen — Organisation — kommt das Denken zum Gegenstand oder

---

[1] l. c. S. 216.
[2] l. c. S. 177.
[3] l. c. S. 213—16.
[4] l. c. S. 52.
[5] l. c. S. 63.
[6] Dialektik, hrggb. von L. Jonas, 1839. S. 8 ff.
[7] l. c. S. 66.

zu seinem Stoff, durch eine, ohnerachtet aller Verschiedenheiten der Gegenstände sich gleiche Thätigkeit — Vernunft — kommt es zu seiner Form.«[1]) Das Denken ist das formelle Prinzip, welches das Mannigfaltige der Wahrnehmung durch Fixierung und Herausheben von Teilen desselben, zur begrifflichen Einheit erhebt.[2]) Sein und Denken sind der Form nach identisch; daher sind die Formen des Bewufstseins zugleich die Formen der Dinge. Raum und Zeit sind die Art und Weise zu sein der Dinge selbst, nicht nur unserer Vorstellungen; das folgt aus der Grundanschauung Schleiermachers, alles reale Wissen sei zugleich ein quantitatives.[3]) Der Raum ist das Auseinander des Seins, die Zeit das Auseinander des Thuns. Auch das Denken besitzt seine Formen, welche apriorisch sind, sie gehen hervor aus der dem Denken innewohnenden Fähigkeit, bestimmte Begriffe ursprünglich hervorzubringen. Die Kategorien sind dem Verstande als Anlagen gewissermafsen angeboren, doch kommen sie niemals ohne Anlafs der Sinnlichkeit zur Ausbildung und damit zum Bewufstsein.[4]) Die »wahren« Begriffe entstehen aus dem »Schematismus« derselben, der Vernunft, der sie »als lebendiger Trieb« eingeboren sind;[5]) dieses zeitlose Vorhandensein der Begriffe in der Vernunft, dem »Ort« derselben, ist nach Schleiermacher das Wahre in der Lehre von den angeborenen Ideen.[6]) In allem Wissen ist die Vernunftthätigkeit die Quelle der Einheit und Vielheit, die organische Thätigkeit die Quelle der Mannigfaltigkeit. Ein reines Denken ist ein Unding, da Begriffe ohne Anschauungen völlig leer sind. Erkenntnis besteht in der Bearbeitung des Wahrnehmungsstoffes durch das Denken, in der Umformung der unbestimmten Mannigfaltigkeit durch

---

[1]) l. c. S. 387.
[2]) l. c. S. 63.
[3]) l. c. S. 335
[4]) l. c. S. 315.
[5]) l. c. S. 108.
[6]) l. c. 104—5.

die Thätigkeit des Verstandes. Das Verhältnis zwischen Denken und Sein formuliert Schleiermacher folgendermafsen: »Da nun die Vernunftthätigkeit gegründet ist im Idealen, die organische aber als abhängig von den Einwirkungen der Gegenstände im Realen: so ist das Sein auf ideale Weise ebenso gesetzt wie auf reale, und Ideales und Reales laufen parallel nebeneinander fort als Modi des Seins.«[1]

9. Jakob Friedrich Fries.

Fries' Erkenntnislehre schliefst sich direkt an die Kantische Vernunftkritik und deren Hauptresultate an.[2] Sie will das Mangelhafte in Kant's Ausführungen beseitigen und vor allem zeigen, auf welchem Wege wir zu den apriorischen Erkenntniselementen gelangen.[3] Kant's Grundfehler liegt in seiner Methode, in seiner Vernachlässigung der Psychologie und ihrer Verwendung zu einer Theorie des Erkenntnisvermögens. Die Grundlage aller Philosophie mufs nach Fries die Psychologie sein, von psychologischen Thatsachen hat auch jede erkenntnistheoretische Untersuchung auszugehen.[4] Kant hat die empirische, psychologische Natur der Erkenntnis der apriorischen Bestandteile unseres Wissens verkannt und dieselbe selbst für apriorisch gehalten, indem er das Wesen der Reflexion nicht verstanden hat.[5] Die Kritik der Erkenntnis kann nicht apriorisch sein, sie mufs auf anthropologischer Grundlage erfolgen, indem wir durch innere Erfahrung und Induktion zur Abstraktion des Apriorischen vom Empirischen gelangen.[6] Im Grunde genommen

---

[1] l. c. S. 75.
[2] Neue oder anthropol. Kritik d. Vernunft. 2. A. 1828. 1. Bd. Vorrede XI.
[3] l. c. XV ff.
[4] l. c. XIX.
[5] l c. S. 29—30.
[6] l. c. S. 31 ff.

ist ja Kants transcendentale Erkenntnis durchaus innere Erfahrung. Apriorisch nennt Fries die ursprüngliche Selbstthätigkeit des Bewufstseins, die sich in bestimmten ursprünglichen Formen, der Anschauung und des Denkens, bekundet. Die Sinneswahrnehmungen sind zufälliger Natur; das Vorhandensein apodiktischer Erkenntnis weist auf apriorische Erkenntniselemente hin. Dasjenige, durch welches sich das Wesen der Selbstthätigkeit des Bewufstseins unmittelbar äufsert, ist die Form der Erkenntnis, das, was die Äufserung veranlafst, die Materie derselben.[1]) Sinnlichkeit und Verstand sind Teile eines und desselben Erkenntnisvermögens,[2]) Bestimmungen der transcendentalen Apperception (der Einheit des Selbstbewufstseins), welche in letzter Linie der Grund aller Notwendigkeit in unserer Erkenntnis ist.

Die Formen der Sinnlichkeit, Raum und Zeit, sind reine Anschauungen a priori, d. h. ursprüngliche Arten der Verknüpfung der Mannigfaltigkeit, welche nicht aus der Empfindung entspringen.[3]) Raum und Zeit sind unendliche Gröfsen, liegen daher im Geiste aller Sinneswahrnehmung zu Grunde.[4]) Sie können nicht durch die Empfindung gegeben sein, denn sie beziehen sich auf alles in der Empfindung Gegebene. Wären Raum und Zeit schon mit der Empfindung gegeben, so müfsten, meint Fries, ihre Bestimmungen, Gestalt, Entfernung u. s. w., aus jeder einzelnen Wahrnehmung sich abstrahieren lassen; da diese Abstraktion aber sich erst aus der Vergleichung mehrerer Wahrnehmungen ergiebt, so ist damit die Apriorität der Anschauungsformen erwiesen.[5]) Raum und Zeit sind reine Anschauungen der produktiven Einbildungskraft, welche erst

---

[1]) l. c. S. 73–76.
[2]) l. c. S. 57.
[3]) l. c. S. 177.
[4]) l. c. S. 174.
[5]) l. c. S. 180.

bei Gelegenheit der Erfahrung zum Bewufstsein kommen.[1] — Die ursprünglichen Thätigkeitsformen des Denkens sind die Kategorien; sie bestimmen die Gegenstände der Wahrnehmung nach den modis der Quantität, Qualität, Relation und Modalität als Gegenstände der Erfahrung und bringen in dieselbe Einheit.[2] Die Formen des Denkens sind nur Gestaltungen der einheitlichen ganzen Erkenntniskraft, daher der Grund aller Einheit und Notwendigkeit, d. h. der Vernünftigkeit unseres Wissens. »Die Notwendigkeit in unserer Erkenntnis ist nur durch ursprünglich dauernde, sich gleich bleibende Thätigkeit der einen Erkenntniskraft in unserer Vernunft möglich.«[3] Die Verbindung zwischen Kategorien und Anschauungsformen wird durch den Schematismus der Einbildungskraft hergestellt; die Schemate sind anschauliche Vorstellungen, welche keinen bestimmten Inhalt haben, sondern als Repräsentanten allgemeiner Begriffe zwischen verschiedenen Bildern von Gegenständen hin- und herschweben.[4] Jede Vorstellung ist ursprünglich an sich Objekt und wird es nicht erst durch Reflexion oder durch einen Schlufs auf ein Kausalverhältnis.[5] Die Objekte des Bewufstseins sind nur Erscheinungen der uns unbekannten Dinge an sich. Da wir die Dinge nur »unter gewissen, ihrem Wesen unvermeidlichen subjektiven Beschränkungen« haben, so ist alle unsere Erkenntnis relativ und immanent.[6]

---

[1] l. c. S. 178.
[2] l. c. 2. Bd. S. 27.
[3] l. c. 2. Bd. S. 43.
[4] l. c. 1. Bd. S. 192.
[5] l. c. 2. Bd. S. 186.
[6] l. c. 2. Bd. S. 188, 129. Die Subjektivität der Anschauungsformen ergiebt sich für Fries nicht aus den Beweisen Kants in der tr. Ästh., sondern aus den mathem. Antinomien. (l. c. 1. Bd. XXVI.) Vgl. a S. XXV: »Woher wissen wir, ob nicht irgend eine dritte höhere Ursache möglich sei, welche die Übereinstimmung zwischen Vorstellungen und ihren Gegenständen bestimmt, indem sie beide möglich macht.« (Gegen Kant.)

10. Arthur Schopenhauer.

Die bei Kant mehrfach angedeutete psychologische Bedeutung des Apriori erfährt bei Schopenhauer eine dem Charakter seiner Weltanschauung entsprechende Ausbildung.[1] Die Welt als Vorstellung ist abhängig von den Formen unseres Intellekts. Die empirische Anschauung ist nicht, wie Kant meint, etwas völlig Gegebenes; gegeben ist nur der Empfindungskomplex, welcher erst durch die Formen der Sinnlichkeit und des Verstandes zur Anschauung gestaltet wird, indem er, in Raum und Zeit, gefafst, mittelst eines unbewufsten Schlusses auf eine äufsere Ursache als Objekt bezogen wird.[2] So verficht Schopenhauer gegen Kant die Intellektualität der Anschauung, die dieser leugnet; im übrigen stimmt er mit den Ausführungen Kant's in seiner transcendentalen Ästhetik völlig überein und hält sie für durchaus unumstöfslich.[3] Die Formen der Sinnlichkeit, Raum und Zeit, werden nicht auf dem Wege der Erfahrung gewonnen, kommen nicht von aufsen in uns hinein, sondern entspringen aus unserem Intellekte (Gehirn), ebenso wie die Empfindungsqualitäten aus den Nerven und Sinnesorganen.[4] Da nach Schopenhauer das Gehirn eine Objektivation des Willens, der Intellekt aber ein Produkt desselben Willens ist, so ist es erklärlich, wenn Schopenhauer im Anschlufs an den Materialisten Cabanis Raum und Zeit Funktionen des Gehirns nennt. Die Formen der Sinnlichkeit existieren als apriorische Bedingungen aller Erfahrung nur in den Köpfen der erkennenden Wesen, in deren Bewufstsein bereit liegend, aller Erfahrung voran und gehen.[5]

---

[1] W. a, W. u. V. II. S. 12. »Lockes Philosophie war die Kritik der Sinnesfunktion. Kant aber hat die Kritik der Gehirnfunkt. geliefert.«
[2] Kritik der Kant. Philos. Welt a. Wille u. Vorstell. I. Berlin, Bibliogr.-A. S. 437, 443.
[3] l. c. S. 436.
[4] W. a. W. u. V. II. S. 20.
[5] W. a. W. u. V. I. S. 44. D. ö. »selbsteigene Formen des Intellektes.«

Die Kategorientafel Kant's lehnt Schopenhauer energisch ab; sie sei entstanden aus einem Hang Kant's zur architektonischen Symmetrie, sie sei nur ein Pendant zur transcendentalen Ästhetik. Kant's Grundfehler ist nach Schopenhauer seine Nichtunterscheidung von anschaulicher und abstrakter Erkenntnis; [1]) in den zwölf Kategorien sind anschauliche und begriffliche Erkenntnisform bunt durch einander gemischt. Schopenhauer nimmt nur eine Kategorie als apriorisch an, die Kausalität, als eine der Gestaltungen des Satzes vom Grunde. Die Kausalität ist nicht nur eine notwendige Form des Denkens, sie ist sogar eine apriorische Bedingung der Anschauung und vor aller Erfahrung bewufst. [2]) Die übrigen Kategorien lassen sich teils aus der einen ursprünglichen ableiten, teils gehen sie hervor aus dem Vermögen des begrifflichen Denkens überhaupt (der Vernunft), teils aus dem Zusammentreffen von Denken und anschaulicher Erkenntnis. Die Begriffe haben »keine andere a priori bestimmte Form, als die Fähigkeit zur Reflexion überhaupt.« [3]) Nur der Satz vom Grunde ist a priori bewufst und es giebt keine anderen synthetischen Urteile a priori als diejenigen, welche aus seinem Inhalte hervorgehen. [4]) Da Raum, Zeit und Kausalität nur »selbsteigene Formen des Intellektes« sind, so kommen wir auf dem Wege der Erfahrung niemals über das »Gehirnphänomen« [5]) der Vorstellungswelt hinaus zu Dingen an sich. Schon das Objektsein gehört zur Form der Erscheinung, da es ohne Subjekt kein Objekt giebt. [6]) Nur von ihnen, d. h. durch unmittelbare Erkenntnis des Dinges an sich im eigenen Ich gelangen wir zur Wirklichkeit, als welche sich der eine ungeteilte Wille herausstellt. Alle Individualität hat ihren

---

[1]) l. c. S. 472.
[2]) W. a. W. u. V. II. S. 36—37. S. 479.
[3]) W. a. W. u. V. I. S. 446.
[4]) l c. S. 479.
[5]) W. a. W. u. V. II. S. 6.
[6]) l. c. S. 503.

Grund in unseren Anschauungsformen, Raum und Zeit sind »principia individuationis.«

11. Adolf Trendelenburg.

Genau wie Aristoteles definiert Trendelenburg die Philosophie als die Wissenschaft der Prinzipien, als die allgemeine Wissenschaft, die zur Grundlage alle Einzelwissenschaften hat. Erkenntnis und ihre Möglichkeit ist nach ihm nur dann begreiflich, wenn es irgend ein Element giebt, das dem Erkennenden und Erkannten gemeinsam ist und welches die Verbindung zwischen Denken und Sein herstellt.[1]) Als dieses Gemeinsame, das nur eine allgemeinste und ursprünglichste Thätigkeit sein kann, erweist sich ihm die Bewegung; diese ist im Denken der Art nach dieselbe wie in der äufseren Natur.[2]) Die Bewegung des Denkens ist das Apriorische in der Erkenntnis, somit als Bedingung der Erfahrung unabhängig von derselben im Wesen des Geistes begründet. Aus der geistigen Bewegung entspringen die Formen der Anschauung, Raum und Zeit und die Kategorien. Da die Bewegung gleicherweise im Denken und im Sein vorhanden ist, so haben Raum und Zeit trotz ihres subjektiven und apriorischen Ursprungs objektive Gültigkeit. Kant hat wohl die Apriorität der Anschauungs- und Denkformen dargethan, aber er hat nicht bewiesen, dafs dieselben »nur« subjektiv sind; in seinen Beweisen ist eine »Lücke«, welche die Möglichkeit offen läfst, dafs die apriorischen Formen subjektiv und objektiv zugleich sind.[3]) Durch die Fassung seines Apriori versperrt Kant der Erklärung der angewandten Mathematik den Weg.[4]) Sollte man nicht vielmehr schliefsen, meint Trendelenburg, dafs Raum und Zeit für den Geist

---

[1]) Logische Untersuchungen, 1. Bd. 2. A. 1862. S. 136.
[2]) l. c. S. 144.
[3]) l c. S. 162—64.
[4]) l. c. S. 160.

deshalb notwendig sind, weil sie es auch für die Dinge sind?[1] — Der Raum ist das äußere Erzeugnis der Bewegung, die Zeit ist die Vorstellung des Maßes derselben.[2] Beide sind ursprünglich nicht fertige Formen, sondern entwickeln sich aus der Bewegung, aus der »ursprünglichen That des Denkens;« darum sind sie nicht zufällig und durch die Sinne gegeben, sondern notwendige Bedingungen der Wahrnehmung.[3] So sind die Elemente der Mathematik und der Phoronomie, dem Geiste durch seine eigene That verständlich.[4] Die Kategorien sind die Grundbegriffe, welche aus der Reflexion über die Formen der Bewegung des Denkens resultieren.[5] Sie sind »reale« Kategorien, weil sie zugleich die allgemeinsten Beziehungen der Dinge ausdrücken.[6] Sie, die Kategorien, bilden sich aus der sinnlichen Anschauung unbewußt heraus, indem die Bewegung, die Quelle der Kategorien, in ihr schon enthalten ist.[7] Trendelenburg kommt zu dem Resultate, daß die logische Einheit ein Gegenbild des realen Ganzen ist, da beide Produkte derselben Bewegung sind.[8]

12. Herrmann Lotze.

Lotzes erkenntnistheoretische Prinzipien fußen, wie er selbst bemerkt, in vielen Punkten auf den richtig verstandenen Lehren Kants.[9] Alle Erkenntnis hebt mit der Erfahrung an; die sinnliche Anschauung ist die Reaktion des Bewußtseins auf die Eindrücke der Außenwelt. Zwei

---

[1] l. c. S. 162.
[2] l. c. S. 166.
[3] l. c. S. 166—68.
[4] l. c. S. 292.
[5] l. c. S. 330.
[6] l. c. S. 329.
[7] l. c. S. 179.
[8] l. c. S. 358.
[9] Logik, 1874, 3. Buch S. 524.

Faktoren constituieren die Erkenntnis: 1. die Beschaffenheit des erkennenden Subjektes und die Formen seiner Thätigkeit und 2. objektive Veränderungen als Grund der Äufserung dieser Thätigkeit. Die Anregung zur Bethätigung des Bewufstseins ist das empirische, die Form der Bethätigung das apriorische Element in der Erkenntnis. Die Kennzeichen der Apriorität sind Notwendigkeit und Allgemeinheit; letztere versteht Lotze in dem Sinn, dafs »sobald das Subjekt einer solchen Erkenntnis gedacht wird, auch das zugehörige Prädikat als selbstverständlich mit ihm verbunden erscheint.«[1] Die apriorischen Wahrheiten drängen sich mit einer Evidenz dem Bewufstsein auf, welche eines Beweises ihrer Richtigkeit nicht bedarf.[2] Das Apriorische der Erkenntnis ist nicht durch Induktion aus einzelnen Beispielen abstrahiert, sondern geht mit ursprünglicher Allgemeingiltigkeit diesen Beispielen voran.[3]

Das logische Apriori ist zu unterscheiden von der metaphysischen Apriorität, von der Bedingtheit aller Erkenntnis durch die Organisation des erkennenden Subjektes. Raum und Zeit sind apriorische Formen der Anschauung, haben aber nicht, wie Kant behauptet, blos subjektive Bedeutung. Wir würden nicht unsere Vorstellungen in die Ordnung von Raum und Zeit bringen, wenn nicht unsere eigene Natur und die Gesetze unseres Vorstellens uns dazu befähigten und nötigten.[4] Der räumlichen und zeitlichen Ordnung müssen aber bestimmte Verhältnisse in den Dingen an sich, deren Natur eine geistige ist und als deren Erscheinung die materielle Welt sich darstellt, entsprechen. Um die raumerzeugende Thätigkeit der Seele zu begründen, stellt Lotze die Theorie der »Lokalzeichen« auf; er erblickt dieselben in bestimmten Qualitäten der Empfindungen,

---

[1] l. c. S. 526.
[2] l. c. S. 580.
[3] l. c. S. 583.
[4] l. c. S. 521.

welche die Seele zu ihrer raumsetzenden Thätigkeit veranlassen.[1]) Ebenso apriorisch wie die Raumanschauung sind nach Lotze die Zahlgröfse und die Grundformen des Denkens. Nicht vor aller Erfahrung sind die Formen der Anschauung und des Denkens im Bewufstsein enthalten; ihre Apriorität besteht in letzter Linie darin, dafs wir uns der apriorischen Wahrheiten (der mathematischen und physikalischen Axiome), wenn auch erst oft nach Hinwegräumung der in den Einzel-Erfahrungen vorliegenden Hindernisse, als allgemeiner und notwendiger Gesetze unmittelbar bewufst werden.[2]) Nicht von vornherein sind Denken und Sein als identisch zu nehmen, sondern »das Denken den logischen Gesetzen seiner Bewegung überlassen, trifft am Ende seines richtig durchlaufenen Weges wieder mit dem Verhalten der Sachen zusammen.«[3])

13. Friedrich Albert Lange.

Lange sucht Kants Apriori im psychologischen und physiologischen Sinne zu begründen, wobei er zugleich den Umfang des Apriorischen in unserer Erkenntnis erweitert. Er erblickt den Zweck der Kantischen Vernunftkritik in dem Aufsuchen der ersten Bedingungen der Erfahrung.[4]) Die Auffindung der apriorischen Bestandteile ist aber nicht, wie Kant meint, selbst eine transcendentale Erkenntnis, sondern findet auf dem Wege der Induktion und Reflexion statt.[5])

Die apriorischen Formen der Erkenntnis liegen nicht fertig in der Seele, sind nichts angeborenes.[6]) Die mathematischen Wahrheiten sind apriorisch, trotzdem sie oft

---

[1]) Medizin. Psychol. S. 381, 389, 418, 420.
[2]) l. c. S. 584.
[3]) l. c. S. 552.
[4]) Geschichte des Materialismus, 2. Bd. 3. A. 1877. S. 28.
[5]) l. c. S. 29.
[6]) l. c. S. 15—16.

mühsam gesucht und gefunden werden;[1]) sobald sie durch Anschauung demonstriert werden, verbindet sich mit ihnen sofort das Bewufstsein ihrer Notwendigkeit. Das Bewufstsein derselben stammt nicht aus der Erfahrung, sondern entwickelt sich nur mit ihr.[2]) Die Erfahrung als ein Prozefs, durch welchen die Erscheinungen von Dingen in uns entstehen, ist durch die Organisation des Geistes, durch die psychophysische Einrichtung des erkennenden Subjektes bedingt. Dasjenige in der Erkenntnis, was nicht aus der äufseren Einwirkung, sondern aus dem Wesen des Bewufstseins entspringt, ist apriorisch.[3]) Unsere Empfindungen sind ihrer Qualität und Form nach als Anlagen oder Dispositionen in der Seele vor aller Erfahrung vorhanden. Man könnte den ganzen Körper des Menschen als apriorisch bezeichnen, »wenn nur der Körper selbst nicht wieder blofs eine a priori gegebene Auffassungsweise rein geistiger Verhältnisse wäre.«[4]) Kants Beschränkung des Apriori auf Raum und Zeit ist nicht überzeugend, er hätte zum mindesten auch die Bewegung dazu rechnen müssen. Überhaupt ist es ganz ungerechtfertigt, wenn Kant behauptet, dafs Empfindungen sich nicht wieder an Empfindungen ordnen können, und er daher das Apriorische in eine ordnende Form setzt.[5])

Raum und Zeit gehen aus unserem Empfindungsmechanismus notwendig hervor. »Die psychophysische Einrichtung, vermöge welcher wir genötigt sind, die Dinge nach Raum und Zeit anzuschauen, ist jedenfalls vor aller Erfahrung gegeben.«[6]) Die Kategorien sind nicht als Begriffe apriorisch, sondern ergeben sich ursprünglich aus bestimmten Einrichtungen des Denkens, »durch welche die Einwirkungen

---

[1]) l. c. S. 14.
[2]) l. c. S. 22.
[3]) l. c. S. 28.
[4]) l. c. S. 44.
[5]) l. c. S. 33.
[6]) l. c. S. 36.

der Aufsenwelt sofort nach der Regel jener Begriffe verbunden und geordnet werden.¹) So wurzeln die Kategorien wie die Formen der Anschauung in unserer Organisation, welche die Anlagen zu ihrer Bildung bereits vor aller Erfahrung enthält.²) Das Ganze der Erscheinungswelt hängt von unseren Organen ab; das Ding an sich ist ein Grenzbegriff, zu dem das Denken auf seinem Wege notwendig gelangt, ein völlig problematisches Etwas ohne Inhalt.³)

14. Herrmann Helmholtz.

Helmholtz erklärt, er stehe in demjenigen, was ihm in Kant's Philosophie als Fortschritt gegen dessen Vorgänger erscheint, auf dem Boden seines Systems.⁴) Die Fundamente der Kant'schen Erkenntnislehre finden gröfstenteils ihre Bestätigung in den Ergebnissen der Sinnesphysiologie. Die Empfindungsqualitäten sind nur subjektive Zeichen, nicht Abbilder der realen Vorgänge; sie sind blofse Formen der Anschauung, ebenso wie Raum und Zeit die notwendigen Formen aller Anschauungen sind.⁵) Raum und Zeit sind vor aller Erfahrung gegeben, aber nicht als fertige Formen, wie die Nativisten meinen, sondern sie gehen als bestimmte Verbindungsarten von Empfindungen aus unserer psychophysischen Organisation ursprünglich hervor.⁶) Kant's Auffassung des Raumes als eines einfachen Vorganges ist beeinflufst durch den Zustand, in welchem sich die Mathematik und die Sinnes-Physiologie seiner Zeit befanden. Einen wesentlichen Fortschritt der neueren Zeit erblickt Helmholtz in der Auflösung des Begriffes der Anschauung in elementare

---

¹) l. c. S. 44.
²) l. c. S. 45.
³) l. c. S. 49.
⁴) Die Thatsachen der Wahrnehmung, 1879. S. 42.
⁵) l. c. S. 13.
⁶) l. c S. 16, 30.

Bewufstseinsvorgänge.¹) Kant's Verkennung der Zusammengesetztheit der Anschauungsformen läfst ihn den Fehler begehen, die Axiome der Mathematik für apriorische Sätze auszugeben.²) Nach Helmholtz ist die fertige Raumvorstellung mit allen ihren Eigenschaften empirischen Ursprunges, und so ergeben sich ihm die mathematischen (und physikalischen) Axiome als Produkte »unbewufster, aus der Summe von Erfahrungen als Obersätzen entspringender Schlüsse«.³) Diese Entstehungsart, und nicht ein apriorischer Ursprung der Axiome ist der Grund ihrer Evidenz und Sicherheit, sie weist zugleich auf die Beziehung derselben auf reale, in den Dingen selbst liegende Verhältnisse hin. Der Raum als Form der äufseren Anschauung hat nicht »nur« subjektive Gültigkeit. »Es müssen im Realen irgend welche Verhältnisse oder Komplexe von solchen bestehen, welche bestimmen, an welchem Ort im Raume ein Objekt erscheint.«⁴) Diese Verhältnisse nennt Helmholtz die »topogenen Momente« und unterscheidet sie von den »hylogenen« Momenten, welche »bewirken, dafs wir zu verschiedenen Zeiten am gleichen Orte verschiedene stoffliche Dinge wahrzunehmen glauben.«⁵) Raum, Zeit und die Sinnesqualitäten sind also nur Empfindungsweisen des erkennenden Subjektes, aber die jeweilige Bestimmtheit derselben mufs einen realen Grund haben. »Die physikalische Geometrie« enthält also einen realen Bestandteil und ihre Axiome gelten für die Wirklichkeit.⁶) Von den Denkformen erklärt Helmholtz die Causalität, sowie die Begriffe der Substanz und der Kraft als verschiedene Auffassungsweisen derselben, für apriorischen Ursprungs.⁷) Im innigen Anschlufs an Schopenhauer führt er die Vorstellung

¹) l, c. S. 42.
²) l. c. S. 42.
³) l. c. S. 28.
⁴) l. c. S. 64.
⁵) l. c. S. 64.
⁶) l. c. S. 66.
⁷) l. c. S. 42. Physiol. Optik, S. 453.

der Aufsenwelt als eines Komplexes von Gegenständen auf einen unbewufsten Schlufs »von der wechselnden Empfindung auf äufsere Objekte als die Ursachen dieses Wechsels« zurück.[1]). Die Subjektivität unserer Erkenntnis verhindert, dafs wir über das Wesen der Dinge an sich etwas aussagen können; die materielle Welt ist eine Welt der Erscheinung, der Realismus nur eine brauchbare metaphysische Hypothese ohne dogmatische Berechtigung. »Was wir erreichen können, ist die Kenntnis der gesetzlichen Ordnung im Reiche der Wirklichkeit, diese freilich nur dargestellt in dem Zeichensystem unserer Sinneseindrücke.«[2])*)

15. Otto Liebmann.

Liebmann ist einer der ersten Denker, welche in der Zeit nach dem Zusammenbruche der Identitäts-Philosophie die Forderung stellten, man solle auf Kant zurückgehen und auf der Grundlage seiner Vernunftkritik die Erkenntnislehre neu aufbauen. Kant's Absicht ist nach ihm nichts anderes als ein Suchen nach den höchsten Gesetzen des erkennenden Bewufstseins, zu welchem Behufe er die analytische Methode Newton's verwertet.[3]) Wenn nun auch Kant im einzelnen so manche Irrtümer begangen hat, so ist doch seine Darlegung, dafs es in uns apriorische Erkenntniselemente giebt, vollständig gerechtfertigt.[4]) Die auf dem Wege der Induktion gewonnenen Erfahrungsurteile bieten gar keine Garantie für ihre allgemeingültige Wahrheit, dagegen sind die analytischen

---

[1]) Phys. Opt. S. 453.
[2]) Thats. d. Wahrn. S. 39.
* Vor Helmholtz hat bekanntlich Joh. Müller die Kant'schen Prinzipien auf die Sinnesphysiologie, besonders die physiol. Optik angewandt. Was Kant apriorische Formen der Anschauung nennt, das sind für J. Müller »eingeborene Energien«. Vgl. Joh. Müller »Zur vergleichenden Physiol. d. Gesichtssinnes«. S. 826, S. 45 ff.
[3]) Zur Analysis der Wirklichkeit, 1876. S. 221.
[4]) l. c. S. 220.

Denkprinzipien der formalen Logik, sowie die Axiome der reinen Mathematik und Physik notwendig und allgemein.[1]) Die Apriorizitätslehre ist für Liebmann die beste der ihm bekannten Hypothesen über den Ursprung aller Apodiktizität in unserer Erkenntnis, aus diesem Grunde schliefst er sich ihr an.[2])

Der Stoff oder der Inhalt aller Erkenntnis wird uns a posteriori gegeben, die Formen der Erfahrung aber haben apriorischen Ursprung.[3]) Während die Empfindungsqualitäten nur zufälliger Art sind, sind die Anschauungsformen Raum und Zeit notwendig und allgemein. Um dem Kant'schen Satz, der Stoff, der Wahrnehmung lasse sich wegdenken, aber nicht die Form derselben, eine Stütze zu geben, behauptet Liebmann, er könne sich ein Quadrat farblos vorstellen,[4]) d. h. eine reine Raumanschauung in sich erzeugen. Raum und Zeit sind die allgemeinsten Anschauungsformen, welche im Bewufstsein aller erkennenden Wesen als eine Art der sinnlichen Thätigkeit derselben begründet sind. Die Gegner der Apriorizitätslehre verkennen nach Liebmann den Unterschied zwischen apriorischer und aposteriorischer Erkenntnis; derselbe bezieht sich nicht auf die verschiedene Art ihrer psychologischen Entstehung, sondern beruht auf dem grundverschiedenen Modus ihrer Evidenz.[5]) Bei Kant hat diese »metakosmische« Bedeutung des Apriori allmählich das Übergewicht über die psychologische Bedeutung desselben erlangt, ohne diese jemals gänzlich zu verlieren.[6]) Ebenso wie die Anschauungsformen sind auch die Gesetze des Denkens und die aus ihnen entspringenden Grundbegriffe apriorischer Natur. Gegen die Art und Weise wie Kant sein »Ding an sich« in sein durchaus idealistisches System einführt und

---

[1] l. c. S. 236
[2] l. c. S. 238.
[3] l c. S. 215.
[4] l. c. S. 217.
[5] l. c. S. 222.
[6] l. c. S. 223.

dasselbe auf uns wirken läfst, obzwar doch nach ihm die Causalität nur eine empirische Gültigkeit hat, wendet sich Liebmann energisch und bezeichnet das Ding an sich als ein »Unding«, da es absolut keinen Inhalt hat.[1]) Er kommt zu dem Schlufsergebnis, als zu einer mindestens statthaften Hypothese, dafs : »Unsere Intelligenz von höchsten Gesetzen beherrscht wird, denen sowohl unsere intellektuale Imagination, als unsere Wahrnehmungserkenntnis gehorcht, aus denen die mehrgenannten Grundwahrheiten hervorgehen und welchen die empirische Wirklichkeit aus dem Grunde unweigerlich entspricht, weil sie eben nur ein Phänomen innerhalb unserer wahrnehmenden Intelligenz und daher den Gesetzen derselben unterworfen ist.«[2])

16. Hermann Cohen.

Cohen unternimmt es, die Aprioritätslehre Kant's in ihrer historischen Gestalt neu zu begründen und sie gegen die mannigfachen Angriffe, die sie erfahren, zu verteidigen. Die Wurzel aller Irrtümer und aller Mifsverständnisse in der Kant'schen Lehre liegt nach ihm in der beständigen Verwechselung und Komplikation des Apriorischen mit dem Angeborenen und in der Auffassung desselben als psychologisches Prius. Cohen dagegen behauptet und sucht die Behauptung auch durchzuführen, das Apriori sei rein logisch und n u r logisch aufzufassen.[3]) Nicht die Gegenstände der Erkenntnis, seien es nun Anschauungen oder Begriffe, sind apriorisch, sondern die Erkenntnisart, mittelst welcher man zu ihnen gelangt;[4]) die Apriorität kommt einzig und allein dem wissenschaftlichen Verfahren

---
[1]) Kant und die Epigonen, 1865. S. 45, 52, 64.
[2]) Zur Analys. d. Wirkl. S. 238.
[3]) l. c. S. 143: »Das Apriori, in der Einheit des Bewufstseins gegründet, ist so wenig subjektiv, dafs es vielmehr alle Objektivität seinerseits bedingt und ermöglicht.«
[4]) Kants Theorie der Erfahrung, 2. A. 1885. S. 135.

zu, aus welchem, als ihrer Quelle, die Formen der Erkenntnis sich ergeben.¹) Begründet ist diese Quelle in der Einheit unseres Bewufstseins, der transcendentalen Apperzeption.²) Die apriorischen Formen der Erkenntnis sind die constituierenden Bedingungen der Erfahrung; als solche besitzen sie das äufsere Merkmal der strengen Notwendigkeit und Allgemeinheit.³) Die Apriorität der Anschauungsformen Raum und Zeit bedeutet nicht, dafs sie angeboren oder in uns fertig liegende Anschauungen sind, sie müssen vielmehr, auch nach Kant, als Produkte einer psychologischen Entwicklung betrachtet werden.⁴) Der Raum ist nichts Einfaches, sondern ein Kompliziertes, das als ein neuer Inhalt des Bewufstseins aus der Ordnung verschiedener Empfindungen hervorgeht.⁵) »Der Raum ist apriorisch« bedeutet nur, er ist eine ursprüngliche Verknüpfungsweise von Empfindungselementen, welche unabhängig von der Erfahrung in der Natur des Bewufstseins begründet ist.⁶) Raum und Zeit sind die fundamentalen Werkzeuge der Wissenschaft; nur in diesem Sinne bezeichnet Cohen sie als »reine Anschauungen.«⁷) Sie sind nicht, wie Herbart gemeint hat, Formen im Sinne von Behältern, sondern aktive Prozesse, entstehen erst in und mit der Synthesis des Mannigfaltigen.⁸) Ebenso verhält es sich mit den Kategorien. Sie sind nichts anderes als die ursprünglichen Arten der Verknüpfung überhaupt, die Einheit der Erfahrung ermöglichende Bedingungen,⁹) da es in den Dingen selbst keine Synthesis giebt. Die Kategorien sind apriori heifst, sie sind notwendige Faktoren zur Constituierung

---

¹) l. c. S. 131.
²) l. c. S. 216.
³) l. c. S. 214—15.
⁴) l. c. S. 83.
⁵) l. c. S. 204—5.
⁶) l. c. S. 213.
⁷) l. c. S. 217.
⁸) l. c. S. 246.
⁹) l. c. S. 248.

aller Erfahrung.¹) Sie heifsen ursprünglich, weil sie die Möglichkeit der Synthesis überhaupt erklären, sind aber nicht »fertige«, sondern verknüpfende und daher an dem Mannigfaltigen, welches sie voraussetzt, sich selbst erst fertigende Begriffe.« ²) Gegen Kuno Fischer's Meinung, Kant habe seine Kategorien auf empirischem Wege gefunden, bemerkt Cohen, dafs innere Erfahrung — und um die handle es sich hier — keine empirische Erkenntnis, sondern höchstens Erkenntnis des Empirischen überhaupt sei. ³) — Auf der synthetischen Einheit, welche wir aus uns in die Dinge selbst legen, beruht die Möglichkeit synthetischer Sätze a priori. ⁴) So haben wir denn in den apriorischen Erkenntniselementen die Bedingungen der Erfahrung; eine Theorie der Erfahrung zu geben, war das Ziel, das Kant in seiner »Vernunftkritik« sich gesteckt hat. ⁵)

II. Abschnitt.
Die Gegner der Kant'schen Aprioritätslehre.

1. Friedrich Heinrich Jacobi.

Jacobis Angriffe richten sich gegen die Widersprüche, die er in Kant's Vernunftkritik findet, vor allem gegen die inkonsequenter Weise angenommene Wirkung von Gegenständen auf unser Bewufstsein. Es verstöfse durchaus gegen den Geist des Kant'schen Systems, wenn in demselben behauptet wird, dafs die Dinge Eindrücke auf die Sinne machen und dadurch Empfindungen erregen. »Wie ist das

---

¹) l c. S. 255.
²) l. c. S. 372.
³) l. c. S. 258.
⁴) l. c. S. 211.
⁵) l. c. S. 254.

möglich?« fragt Jacobi, da der empirische Gegenstand nach Kant's Ausführungen nur Vorstellung, von dem transcendenten Gegenstand aber nichts bekannt ist, und die Causalität nur eine subjektive Denkform sein soll.[1]) Schon der blofse Glaube an Dinge an sich bringt uns vom transcendentalen Idealismus ab und verwickelt uns in unauflösbare Widersprüche.[2]) Ohne die Voraussetzung von Dingen an sich komme man nicht in das Kant'sche System hinein und mit ihr könne man nicht darin bleiben.[3]) Richtig aufgefafst, ist Kant's Lehre nach Jacobi der »kräftigste« Idealismus, den es je gegeben, mit dem Grundgedanken, dafs wir nichts anderes erkennen als nur Bestimmungen unseres eigenen Ichs, aus denen auf gar nichts anderes geschlossen werden darf.[4])

Die Apriorifätslehre Kants hält Jacobi für durchaus unbewiesen und unhaltbar. Er nennt die »reinen Anschauungen« ironisch die »reinen. Grundgespenster«; wir erfahren ja nicht, warum wir die Anschauungsformen notwendig in uns erschaffen müssen, ebenso nicht, warum wir als Bedingung der Erfahrung gerade zwölf Stammbegriffe, nicht mehr oder weniger, produzieren.[5])

Für Jacobi beruht die Evidenz unseres Wissens einzig und allein in dem »objektiven und reinen Gefühl;« aus ihm gehen die Grundurteile der Vernunft hervor.[6]) Die Erkenntnis der Aufsenwelt als auch des eigenen Ichs ist eine unmittelbare; in demselben Augenblick erfahre ich (durch eine »zwiefache Offenbarung«), dafs ich bin und dafs etwas aufser mir ist.[7]) Die Notwendigkeit der Anschauungs- und

---

[1]) D. Hume über den Glauben, oder Ideal. u. Real., 1787. D. Werke 2. Bd. hrggb. 1815. S. 301—2.
[2]) l. c. S. 310.
[3]) l. c. S. 304.
[4]) l. c. S. 306.
[5]) l. c. S. 36, 56.
[6]) l. c. S. 109.
[7]) l. c. S. 161.

Denkformen erklärt sich aus dem Vorhandensein derselben in allen denkenden Wesen und aus ihrem vollständigen Vorkommen in jeder Erfahrung.¹) Damit ergiebt sich zugleich die Evidenz der aus den allgemeinsten Begriffen entspringenden Urteile, und diese bedürfen daher nicht einer Unabhängigkeit von aller Erfahrung, welche sie nur zu blofsen Vorurteilen des Verstandes machen würde, wie es beim Kritizismus der Fall ist, der, wie Jacobi sich ausdrückt, jeden Anspruch auf Erkenntnis der Wahrheit, »bis auf den Grund ausrottet.«²) Die Kategorien sind notwendig und allgemeingiltig, weil die Beziehungen die sie ausdrücken »unmittelbar und in allen Dingen vollkommen und auf gleiche Weise gegeben sind.«³) Der gesamte Erkenntnisprozefs ist das Resultat »lebendiger und thätiger« Vermögen der Seele;⁴) er führt zu dem Ergebnis, dafs der Kern der Dinge ein geistiger ist. »Nichts ist wahrhaft Etwas als der Geist.«⁵)

2. G. E. Schulze.

(Änesidemus).

Unter den Gegnern, welche sich bald nach dem Erscheinen von Kant's Vernunftkritik gegen die Grundprinzipien derselben erhoben, nimmt Schulze seiner Unparteilichkeit und seines Scharfsinnes wegen eine hervorragende Stellung ein. Sein »Änesidemus« richtet sich zunächst gegen Reinhold's Ausführungen, Hand in Hand damit geht aber auch seine Polemik gegen die »Kritik der reinen Vernunft« selbst, deren Prinzipien er erstens für unbewiesen, zweitens für zum Teil einander widersprechend erklärt.

---

¹) l. c. S. 213—14.
²) l. c. S. 215—17.
³) l. c. S. 261.
⁴) l. c. S. 272.
⁵) l. c. S. 274 ff.

Reinhold's Fundamentalsatz des Bewufstseins hat zwei Fehler, die ihm allen Boden entziehen. Zum ersten ist er kein absoluter und oberster Grundsatz, denn er ist dem Satze des Widerspruchs unterworfen, und er ist zweitens kein durchgängig durch sich selbst bestimmter Satz, wie Reinhold meint.[1] Während des Vorstellens findet die von ihm behauptete Unterscheidung der Vorstellung von ihrem Objekte gar nicht statt; Vorstellung und Objekt sind ursprünglich eins, ihre Trennung ist erst ein Ergebnis der Reflexion.[2] Nicht einzelne Teile der Wahrnehmung, sondern die ganze Vorstellung bezieht sich auf das Subjekt als Eigenschaft, auf das Objekt als Zeichen für ein solches.[3] So ist durchaus nicht bewiesen, dafs aufser der Form nicht auch der Stoff der Wahrnehmung aus dem Subjekte stammen könne. (Ein Satz, der bekanntlich die Beachtung Fichte's auf sich gezogen hat). Die Unterscheidung von Form und Materie in der Vorstellung ist nicht ursprünglich, sondern erst eine Folge der Reflexion über die Merkmale in derselben und der Vergleichung dieser Merkmale unter einander.[4]

Gegen Kant's Ableitung seiner apriorischen Erkenntniselemente erhebt Schulze den Einwand, dafs die Erkenntnis des Apriorischen, da sie nach Kant nicht durch Erfahrung erfolgen kann, überhaupt unmöglich sei. Kant irrt durchaus, wenn er meint, dafs das Bewufstsein der Notwendigkeit, welches gewisse synthetische Sätze begleitet, ein unfehlbares Kennzeichen ihres apriorischen Ursprunges enthalte; auch mit den Sinnesempfindungen ist trotz ihres empirischen Ursprunges das Bewufstsein ihrer Notwendigkeit verbunden.[5]

---

[1] Aenesidemus oder über die Fundamente der von d. Hr. Prof. Reinhold in Jena gelieferten. Elementarphilos. 1792.
[2] l. c. S. 85.
[3] l. c. S. 213.
[4] l. c. S. 216.
[5] l c. S. 144. S. 143: »Es läfst sich nämlich denken ... dafs auch die Notwendigk., welche in gewissen Teilen dieser Erkenntnis angetroffen wird, durch die besondere Art und Weise, wie die

Überdies macht eine Ableitung der Notwendigkeit und Allgemeingültigkeit in unserer Erkenntnis aus dem Bewufstsein »das Dasein derselben im geringsten nicht begreiflicher als eine Ableitung eben derselben von Gegenständen aufser uns und von deren Wirkungsweise.«[1]) Es ist auch durchaus unstatthaft von der Beschaffenheit der Wirkung direkt auf die Beschaffenheit ihrer Ursache zu schliefsen. Da das Ding an sich nach Kant völlig unbekannt ist, so ist es auch nach alledem unbekannt, was es bewirken und nicht bewirken kann.[2]) Auch das Subjekt des Erkennens ist nach Kant unerkennbar, somit ist seine Behauptung, es bringe die Form der Erkenntnis aus sich hervor, unbewiesen. Ebenso ist unbewiesen die Annahme Kant's, der Inhalt der Wahrnehmung, die Empfindung, sei eine Wirkung von Gegenständen auf uns. »Seine eigenen Resultate heben die Wahrheit jenes bittweise angenommenen Satzes gänzlich auf,«[3]) da die Causalität als subjektive Denkform sich nur auf Erscheinungen anwenden läfst. — Schulze kommt zu dem Schlufsergebnis, dafs weder Hume's Skeptizismus[4]) noch Berkeley's Idealismus durch Kant widerlegt seien. Kant's kritischer Idealismus ist selbst ein neuer Dogmatismus;[5]) so sehr anerkennenswert die Absicht der Vernunftkritik ist, so unbefriedigend ist ihre Ausführung. Nach den Prinzipien der Kant'schen Philosophie ist unsere ganze Erkenntnis im

---

Aufsendinge unser Gemüt afficieren, und Erkenntnis in demselben veranlassen, erzeugt werde.« Vgl. a. S. 151—52.

[1]) l. c. S. 145.
[2]) l. c. S. 145.
[3]) l. c. S. 262. S. 265: »Die Vernunftkritik hätte also . . darthun müssen, dafs und warum das Gemüt nicht als die Quelle aller Bestandteile unserer Erkenntnis angesehen werden dürfe.«
[4]) l. c. S 134: »Vielmehr erweist sie (die Vernunftkritik) alle ihre Ansprüche über die Verschiedenheit der Quellen der menschl. Erkenntnis gerade nur durch solche Sätze, die Hume für ungewifs oder gar für täuschend hielt«. Vgl a. S 139.
[5]) l. c. S. 257. Aenesidemus findet eine Verwandtschaft zwischen Kant und Berkeley. Vgl. l. c. S. 270.

Grunde genommen nichts anderes als ein Aggregat von Formen zu einer solchen, nach deren Abzug nichts übrig bleibt.¹) Der Hauptzweck der Vernunftkritik ist nach Schulze schliefslich doch nur die indirekte Darlegung des metaphysischen Gedankens. »Es ist ein Gott, es steht uns eine Unsterblichkeit bevor.« ²)

3. E. G. Bardili.

In einer höchst eigentümlichen, an Zahlensymbolen reichen Darstellung, untersucht Bardili die Grundlagen der Erkenntnistheorie und entwickelt dabei eine scharfe Polemik gegen Kant's Vernunftkritik. In seinen eigenen Resultaten stimmt er vielfach mit Leibniz überein und ist sich dieser Übereinstimmung auch bewufst.³) Gegen die Aprioritätslehre bringt er zunächst den Einwand vor, dafs die Merkmale des Apriori, Notwendigkeit und Allgemeinheit nicht erst in uns entstehen können, sondern schon objektiv begründet sein müssen.⁴) Das Apriori fafst er meist psychologisch auf. Die Vernunftkritik nennt er eine Verbindung von Locke und Leibniz.⁵) Charakteristisch für Bardili's Auffassung des Apriori ist besonders folgende Stelle: »Die oscillierenden Gehirnfibern (Locke's) wurden also (bei Kant) geschaben und geputzt. Geschaben und geputzt bekamen sie eine Leibniz'sche Miene, gingen in Apriorität über und gaben netto ein Gedecke von 12 Schüsseln unter dem ausländischen Namen der Kategorien.« ⁶) Reine Anschauungen und reine Denkformen sind nach Bardili Undinge, »die

---

¹) l. c. S. 386—87. Nach Aenesid. würde man am besten Kants System »Formalismus« nennen können.
²) l. c. S. 395.
³) Grundrifs der ersten Logik, gereinigt von d. Irrtümern bisher. Logik überh, der Kant. insbesondere, 1800. Vorr. X.
⁴) l. c. XV—XVI.
⁵) l. c. S. 345.
⁶) l. c. S. 346.

Vernunft beginnt zu rasen und mufs rasen, insofern sie reine Vernunft ist.«[1]) Kants Annahme von ursprünglichen Verstandesformen ist unberechtigt. Das Denken als solches läfst sich nicht in vereinzelte Formen als Bedingungen seiner Möglichkeit zerfasern, sondern ist überall eins und dasselbe.[2]) Der Satz der Identität ist das oberste Gesetz aller logischen Thätigkeit, die »Regel aller Regeln in uns«, der alle anderen unterworfen sind.[3])

Raum und Zeit sind nach Bardili nicht blofs Anschauungsformen, sondern Formen des gegebenen Stoffes selbst und existieren als solche unabhängig vom Denken.[4]) Sie sind notwendige Bedingungen der Vorstellbarkeit eines Objektes, dasjenige an den Objekten, was nach der Bearbeitung derselben durch das Denken — nach ihrer »Zernichtung« wie Bardili etwas barock sich ausdrückt — als Reales zurückbleibt.[5]) Raum und Zeit sind beide je ein »modus generalis« des Vorgestelltwerdens; die Zeit ist des näheren nichts anderes als »das Denken selbst, schon angewandt auf das Nacheinander in der Vorstellung.«[6]) Die Zeit enthält somit ein logisches Element, ein Gedanke, den wir später bei A. Riehl wiederfinden werden, ebenso der Raum, »nach dem Detail seiner geometrischen Verhältnisse eine Anwendung des Denkens auf das im Denken durchs Denken unvertilgbare Nebeneinander.«[7]) Dieses Vorhandensein des Logischen in den Anschauungsformen ist der Grund der Apodiktizität der mathematischen Axiome. Die Methode der Erkenntnis überhaupt ist die Verarbeitung des Gegebenen durch das Denken, sie führt zu einem

---

[1]) l. c. S. 382.
[2]) l. c. S. 86.
[3]) l. c. S. 334. S. 85: »Ein Bild ohne etwas Räumliches wäre kein Bild.
[4]) l. c. S. 81—82.
[5]) l. c S. 71.
[6]) l. c. S. 72
[7]) l. c S. 82.

»wahren, notwendigen, ewigen und unwandelbaren Sein,« dessen innerste Natur eine rein geistige ist und von deren wirklichen Verhältnissen die Vorstellungswelt eine Spiegelung ist.«[1])

4. Johann Friedrich Herbart.

Herbart ist ein heftiger Gegner der Apriorit ätslehre Kant's, ist aber weit entfernt, die kritische Methode zu verwerfen; er sieht vielmehr in ihrer Aufstellung das Hauptverdienst Kant's und acceptiert sie, nicht ohne sie bedeutend zu modifizieren. Herbarts philosophisches Grundverfahren ist bekanntlich die »Methode der Beziehungen.« Mit Erweiterung der Kant'schen Antinomienlehre geht er von dem Gedanken aus, dafs die Erfahrung uns eine Unzahl von Begriffen verschafft, die zu notwendigen Widersprüchen führen. Die Aufgabe der Philosophie nun ist es, diese Widersprüche zu tilgen und zwar kann dies nach Herbart nur dadurch geschehen, dafs die widerspenstigen Begriffe derart durch das Denken bearbeitet werden, dafs sie in den Gesamtbau der Erkenntnis hineinpassen. Die Methode der Beziehungen besteht darin, dafs die zu bearbeitenden Begriffe in ihre Bestandteile zerlegt werden und die Dinge nun aus den Beziehungen, in die sie zu einander gebracht werden, verstanden werden können. Dadurch meint Herbart die zwei Grundfehler der bisherigen Metaphysik zu vermeiden: erstens das Zerreifsen der Beziehungen der Begriffe unter einander und zweitens die mangelhafte Anknüpfung an das Gegebene.[2]) Nach Herbart ist das metaphysische Wissen durch Kant nicht weiter gekommen und sind die Probleme der Metaphysik noch immer ungelöst geblieben. Der Grund davon liegt in den Prinzipien der Kant'schen Erkenntnislehre. Die Apriorit ätslehre steht auf sehr schwachen

---
[1]) l. c. S. 92.
[2]) Allgemeine Metaphysik, 1828. 1. Tl. S. 56—58.

Füfsen; nicht zum mindesten ist Schuld daran das Dogma von den Seelenvermögen, das »nachteilig und verdunkelnd« auf Kant eingewirkt hat.¹) Wie Herbart glaubt, beruht das Fundament der Apriorcitätslehre auf empirischer Psychologie und er weist dabei auf die Ableitung derselben durch Fries hin.²) Der Hauptfehler Kant's ist der, dafs er Thatsachen des ausgebildeten Bewufstseins in einen ursprünglichen Mechanismus verwandelt, welcher schon dem Bewufstsein zu Grunde liegen soll.³) Kant hält »Folgen der Verhältnisse unter den Empfindungen« für »innere Einrichtungen des menschlichen Geistes.«⁴) Die Apriorcitätslehre ist sowohl inbezug auf die Anschauungs-, als auch auf die Denkformen falsch, wenn sie auch das Verdienst hat, auf das Formale von Raum und Zeit hingewiesen zu haben.⁵)

Nach Herbart sind die Empfindungsqualitäten zunächst nur Produkte des erkennenden Subjektes, enthalten aber trotz ihrer Subjektivität eine absolute Position, d. h. einen sicheren Hinweis auf ein reales Sein.⁶) Die Empfindungen sind der Stoff der Erkenntnis, aber nicht der Gehalt derselben oder dasjenige, was man weifs; der Gehalt des Wissens ist in seiner Form enthalten.⁷) Die Formen der Empfindungen werden uns zugleich mit ihnen gegeben; die Empfindungen liegen nicht wie ein loses Aggregat in uns, sondern treten gleich in bestimmten Reihen auf.⁸) Nicht als ein Stetiges, wie Kant behauptet, sind Raum und Zeit gegeben, sondern ihre Teile sind vollständig aufser- und nacheinander.⁹) In Kant's Lehre, nach welcher Raum und

---

¹) l. c. S. 88. Psychol. als Wissensch. § 144 meint Herbart, die Kant'sche Beweisführung beruhe auf einer quaternio terminorum.
²) l. c. S. 123.
³) l. c. S. 238.
⁴) l. c. S. 244
⁵) l. c. S. 88.
⁶) l. c. 2. Tl. S 90, S. 408.
⁷) l. c. S 411.
⁸) l. c. S. 411.
⁹) l. c. S. 480.

Zeit als unendliche Behälter im Bewufstsein vor aller Erfahrung der Möglichkeit nach enthalten sind, liegt kein Grund für die Existenz bestimmter Gestalten.[1]) Für Herbart dagegen sind die Empfindungen zwar nur »Selbsterhaltungen« der Seele, aber in ihrer Ordnung und Folge spiegelt sich das »Zusammen« und »Nichtzusammen« der Dinge.[2]) Wohl ist der Raum nur Schein, aber nicht subjektiver Schein wie bei Kant, sondern »objektiver« Schein, ein subjektives Bild wirklicher Verhältnisse; die Gröfse der Entfernung, Ruhe und Bewegung der Objekte sind unabhängig von der Intelligenz, welche dabei nur »nimmt was sie findet.«[3]) Raum und Zeit, wie wir sie haben, sind nicht Eigenschaften der Wesen selbst, sondern nur subjektive Auffassungen, »zufällige Ansichten« ihrer wirklichen Beziehungen;[4]) dem Anschauungsraum entspricht ein »intelligibler Raum,« der für das »Kommen und Gehen« der realen Wesen hinzugedacht werden mufs.[5])

Was die Kategorien betrifft, so weist Herbart Kant's Annahme ursprünglicher, besonderer Denkformen als hinfällig zurück. Aus der Analyse derselben ergiebt sich vielmehr, dafs sie blofse Modifikationen psychischer »Reihenformen« sind, die selbst wieder auf »abgestuften Verschmelzungen «von Empfindungen und Vorstellungen beruhen.[6]) Damit erfährt auch die Allgemeinheit und Notwendigkeit der Kategorien für alle denkenden Wesen ihre Begründung. Wie die Anschauungsformen haben auch die Kategorien nicht blofs subjektive, sondern zugleich objektive Geltung, indem sie die realen Beziehungen der Dinge auf subjektive Weise nachbilden. »Wieviel Schein, soviel Hindeutung aufs Sein.«[7]) Wir erkennen nicht die Dinge an sich in ihrem ureigensten

---

[1]) l. c. S. 388.
[2]) l. c. S. 341.
[3]) l. c. S. 321.
[4]) l. c. S. 209.
[5]) l. c. S. 199.
[6]) l. c. 1. Tl. S. 209.
[7]) l. c. 2. Tl. S. 351.

Wesen, sondern nur die Relationen, in denen sie zu einander stehen, und so ist denn unser Wissen ein blofs Formales.¹)

5. Friedrich Eduard Beneke.

In der Vorrede zu seinem »System der Logik« stellt Beneke es als notwendig hin, dafs die Philosophie aus dem Zustande der Begriffsdichtung zur Nüchternheit zurückkehre, wenn sie überhaupt den Charakter der Wissenschaftlichkeit in Anspruch nehmen wolle.²) Er bezeichnet es als die Aufgabe der Erkenntnistheorie, die Formen und Verhältnisse des Denkens zu untersuchen, aber nicht, wie sie in der ausgebildeten Seele fertig vorliegen, sondern erst nach ihrer Zerlegung in ihre Grundfaktoren, wobei es selbstverständlich ist, »dafs man die Entwicklungsverhältnisse und Formen des Denkens wenigstens nicht von vornherein als mit denen des Sein's identisch setzen darf.«³)

Die Selbstthätigkeit des Geistes äufsert sich schon in den einfachsten sinnlichen Empfindungen; die sinnlichen »Urvermögen« warten nicht passiv auf die Erregung von aufsen, sondern die Empfindung kommt nur zu Stande durch die selbstthätige Aneignung des Reizes seitens der Seele.⁴) Die Form der Reizaneignung ist abhängig von der Beschaffenheit der einzelnen Sinne; es giebt aber nicht, wie Kant meint, einen äufsern Sinn mit seiner eigentümlichen Anschauungsform, sondern mehrere äufsere Sinne, deren jeder seine besondere Anschauung hat, z. B. Tast- und Gesichtssinn.⁵) Alle Selbstthätigkeit und Form der Empfindung aber

---

¹) l. c. S. 412—15.
²) System der Logik als Kunstlehre des Denkens, 1842. 1. Bd. Vorr. IX.
³) l. c. S. 5.
⁴) l. c. 2. Bd. S. 24.
⁵) l. c S. 25.

hat ihren letzten Grund in den Wahrnehmungen selbst.[1]) Die Formen der Empfindungen sind schon in ihnen enthalten und können daher ihnen nicht in selbständiger Weise gegenüber gestellt und isoliert vorgestellt werden. Der Kant'sche »Raum« ist nichts Ursprüngliches, ist ein Produkt der Entwicklung, entstanden durch Abstraktion von allen einzelnen Begrenzungen und durch »Erweiterung oder Aneinanderreihung ins Unendliche.«[2]) Nicht der Raum ist also ursprünglich, sondern die räumliche Ausdehnung und diese ist weder vor noch nach der äußern Anschauung gegeben, sondern entsteht in und mit ihr.[3]) Kant's Bestimmung des Apriorischen ist nach Beneke verfehlt. Apriorische Erkenntnis unterscheidet sich nicht, wie Kant meint, dem Ursprunge, sondern der Bildungsweise oder der Methode nach von der Erfahrungserkenntnis.[4]) Die Grundtendenz der Vernunftkritik erblickt Beneke in dem Gedanken, daß die Erkenntnis des Wirklichen niemals auf rein begrifflichem Wege, sondern stets nur durch Anschauung, innere und äußere zu gewinnen sei. Ebenso wie für Herbart haben auch für Beneke die mannigfachen Irrtümer Kant's ihren Grund in seiner Herübernahme der Seelenvermögen aus der Wolf'schen Philosophie.[5]) An der Methode Kant's tadelt Beneke vor allem den Mangel an Einheit, welchen Fehler schon Reinhold gerügt habe. Der Apriorizitätslehre gegenüber stellt Beneke folgende Prinzipien auf: Die Formen der Anschauung und des Denkens sind nicht im Bewußtsein präformiert, sondern nur durch dessen Gesetzlichkeit prädeterminiert, ebenso wie die Formen des Schönen und Moralischen.[6]) Die Bildungsgesetze des menschlichen Geistes sind so beschaffen, daß, wenn die Entwicklung bis zu ge-

---

[1] l. c. S. 27.
[2] l. c. S. 29.
[3] l. c. S. 30.
[4] l. c. S. 173.
[5] l c. S. 174.
[6] l. c. S. 271.

wissen Punkten ungestört fortschreitet, bei allen Menschen notwendig die gleichen Formen entstehen müssen. Also nicht die Anschauungs- und Denkformen sind ursprünglich, sondern nur die Bedingungen derselben, die ganz anderer Art sind als die Formen selbst.[1]) Die Kategorien schlummern nicht in uns als apriorische Formen, sondern sie entwickeln sich aus den Gesetzen unseres Bewufstseins, als deren unmittelbare Offenbarungen sie uns ebenso wie die Anschauungsformen durch innere Erfahrung bewufst werden.[2])
Durch die Begriffe, welche durch gegenseitige Anziehung ähnlicher Vorstellungen entstehen, wird der Wahrnehmungsinhalt verarbeitet, derart, dafs das Wechselnde und verschiedenartig Gegebene als subjektives ausgeschieden und das im Wechsel sich gleichbleibende als objektiv zurückgehalten wird.[3]) Niemals aber vermag das Denken einen Vorstellungsinhalt zu erschaffen. Dass wir bei Bearbeitung des Gegebenen durch das Denken Neues erhalten, ist ein bestimmtes Zeichen dafür, dafs Denken und Sein nicht identisch sind und dafs nur zwischen den logischen Formen und den Formen des Seins eine Parallelität besteht.[4]) Unsere Erkenntnis ist nur eine relative, indem wir alles in der Welt nur von unserem beschränkten Standpunkte aus auffassen. Nur von uns selbst, von unseren geistigen Grundformen und -Verhältnissen haben wir eine adäquate, die Dinge an sich treffende Erkenntnis, dagegen ergiebt die Kenntnis der objektiven Welt nur eine Welt der Erscheinung.[5])

6. Friedrich Überweg.

Überweg erblickt den Kernpunkt seines Gegensatzes zu Kant in dem von ihm durchgeführten Nachweis, »dafs die

---

[1]) l. c. S. 283.
[2]) l. c. S. 35—36.
[3]) l. c. S. 197—98.
[4]) l c. S. 199.
[5]) l. c. S. 288.

wissenschaftliche Erkenntnis nicht mittelst apriorischer Formen von rein subjektivem Ursprunge gewonnen wird, noch, wie Hegel u. a. meinen, durch apriorische und zugleich objektiv gültige Formen, sondern durch die Kombination der Erfahrungsthatsachen nach logischen, durch die objektive Ordnung der Dinge selbst mitbedingten Normen, deren Befolgung unserer Erkenntnis eine objektive Gültigkeit sichert.« [1]) Zwei Faktoren sind in aller Erkenntnis zu unterscheiden: erstens ein subjektiver, bestehend in dem Wesen und den Gesetzen des erkennenden Bewufstseins und zweitens die Beschaffenheit des zu Erkennenden.[2]) Diese Unterscheidung subjektiver und objektiver Faktoren hat aber mit der von Kant eingeführten nichts gemein. Die Apriorititätslehre beruht auf folgendem Fehlschlusse:

Die Apodiktizität ist apriorisch.
Das Apriorische ist blos subjektiv.
Folglich ist die Apodiktizität blos subjektiv.

In diesem Schlusse ist nach Überweg die erste Prämisse falsch, da die Apodiktizität unserer Erkenntnis erst das Resultat der Kombination vieler Erfahrungen ist.[3])

Auch die einzelnen Ausführungen der Apriorititätslehre sind nach Überweg unsicher und widerspruchsvoll. Raum und Zeit sollen nach Kant auch in ihrer jedesmaligen Bestimmtheit blos subjektiv entspringen, andererseits soll alles Einzelne und Spezielle empirisch gegeben sein. Es mufs daher im Gegensatz zu Kant angenommen werden, dafs die Anschauungsformen nicht nur subjektiver Natur sind, sondern dafs sich in ihnen die eigene räumlich-zeitliche Ordnung der Dinge darstellt.[4]) »Unsere Vorstellung von räumlichen Dingen und ihren Bewegungen ist das Resultat einer solchen Organisation unserer Empfindungsanlagen, welche die Har-

---

[1]) System der Logik, 4. A. 1874. Vorr. VI.
[2]) l. c. S. 2.
[3]) l. c. S. 46.
[4]) l. c. S. 85.

monie nicht Discordanz zwischen dem An-sich und der Erscheinung in mathematisch-physikalischem Betracht ergiebt.«[1]) Die Empfindungen stehen in einem notwendigen Verhältnis zu gewissen Bewegungen und so können schon deswegen Raum und Zeit nicht blos subjektiv sein.[2]) Rein subjektiv sind nur die Qualitäten der Empfindung als solche, im weiteren Sinne sind aber auch sie Symbole von realen Vorgängen von Bewegungen. Raum und Zeit entspringen weder aus den Dingen, noch aus dem Subjekte allein, sondern »sie sind das gemeinsame Resultat subjektiver und objektiver Faktoren, deren Beitrag ermittelt werden kann und mufs.«[3]) Sowie es keine reinen Anschauungen giebt, so ist auch die Annahme apriorischer und reiner Denkformen unbegründet; wir können niemals die Denkgesetze völlig von einem Inhalte abstrahieren. Wohl enthält jeder Begriff, ein »apriorisches« Element, insofern nämlich, als die Erkenntnis des Wesentlichen in den Dingen nur mittelst der Erkenntnis des Wesentlichen in uns gewonnen werden kann.«[4]) Ein von aller Erfahrung völlig unabhängiges Erkenntniselement ist ein Unding; in diesem Punkte stimmt Überweg mit Schleiermacher überein.

7. Eduard von Hartmann.

In dem Werke »Kritische Grundlegung des transcendentalen Realismus« polemisiert Hartmann gegen die Aprioritätslehre Kants. Es gilt ihm zunächst als erwiesen, dafs die Erkenntnis des Apriorischen bei Kant nicht selbst apriorischer Art ist, sondern durch innere Erfahrung und Reflexion über dieselbe gewonnen wird.[5]) Die Beweisführung Kants für

---

[1]) l. c. S. 87.
[2]) l. c. S. 71.
[3]) l. c. S. 89.
[4]) l. c. S. 129.
[5]) Krit. Grundleg. d. Transcendental. Realism., 1875. Vorr. XVI.

die Apriorität der Anschauungsformen sucht Hartmann durch folgende Einwände zu widerlegen. Nach Kant soll der Raum nicht aus der Erfahrung abstrahiert sein und folglich unabhängig von der Erfahrung, d. h. apriorisch entstehen; dieser Schlufs ist nach Hartmann falsch, denn es giebt keine ursprüngliche, reine Anschauung, sondern alle reine Anschauung ist nichts anderes als ein Begriff, setzt also Erfahrung schon voraus.[1]) Ebenso ist der Kant'sche Gegensatz zwischen Materie und Form der Anschauung unbegründet; beide sind Produkte der Seele und als solche rein subjektiv, in ihrer konkreten Bestimmtheit aber von aufsen bedingt.[2]) Es ist auch nicht wahr, dafs, wie Kant meint sich vom Raume nicht abstrahieren lasse; jeder, der sein geistiges Ich unräumlich denkt, beweist das Gegenteil davon.[3]) Andererseits giebt es keinen qualitätslosen Raum, da selbst die Anschauung des leeren Gesichtsfeldes eine positive Empfindung (schwarz) ist. Des Weiteren ist zwischen Anschauung und Begriff kein so scharfer Gegensatz, wie Kant ihn statuiert, die Anschauung ist selbst nur ein Begriff von niedrigerer Abstraktionsstufe und nur dem Grade nach vom Begriff unterschieden.[4]) Ferner rügt Hartmann an Kant, er verwechsele oft den Raum mit dem Räumlichen; räumlich ist die Anschauungsform, Raum aber die konstruierte fertige Anschauung.[5]) Apriorisch kann man also nur die Räumlichkeit nennen und auch diese nur als unbewufste synthetische Funktion.[6]) Der Raum ist nach Hartmann eine Synthese aus vielen räumlichen Abstraktionen; darum ist er das alles Umfassende, wenn ihm auch als gegebene Gröfse nur potentielle Unendlichkeit zukommt. Raum und Zeit sind nicht nur subjektiv, wie Kant meint,

---

[1]) l. c. VIII. Ab. S. 143—44.
[2]) l. c. S 145
[3]) l. c. S. 146.
[4]) l. c. S. 151.
[5]) l. c. S. 153.
[6]) l. c. S. 157—58.

aber auch nicht Beschaffenheiten der Substanz als solcher (Kraft) sondern nur ihres Daseins (Äufserung), nicht Subsistenz-sondern Existenzformen.¹) Die Axiome der Mathematik sind nicht wegen ihrer — »cum grano salis« zu verstehenden apodiktischen Gewifsheit, sondern wegen der in ihnen enthaltenen allgemeinen logischen Formen apriorisch. ²) Diese Apodiktizität hat ihren Grund darin, dafs die mathematischen Urteile nur für die formalen Verhältnisse eines an sich gleichgültigen Materials gelten, das sich jeder stets in derselben Weise reproduzieren kann. ³) Die Kategorien kann man wohl als subjektive Anlagen ansehen, nicht aber als apriorische, fertige Mechanismen zu bestimmten Leistungen. ⁴) Sie haben nicht nur subjektive Gültigkeit, wie Kant behauptet, ihre Bestimmtheit spricht dagegen. ⁵) Soll zwischen den Daseinsformen und den auf eine bestimmte gegebene Anschauung anzuwendenden Denkformen Übereinstimmung zu Stande kommen, so müssen die in der Anschauung gegebenen Merkmale vermittelst des Empfindungen erzeugenden Kausalprozesses abhängig sein von den Daseinsformen der transcendentalen Ursachen. Ein Beweis dafür ist das Gefühl der Nötigung, welches wir bei Anwendung bestimmter Kategorien auf bestimmte Anschauungsformen haben. Die Kategorien sind Denkformen, welche a priori, d. h. vor Fertigstellung der Erfahrung funktionieren, deren wir uns aber erst durch Abstraktion aus der vollendeten Erfahrung isoliert bewufst werden können. ⁷) Apriorisch sind die Kategorien als unbewufste logische Formen, für das Bewufstsein aber werden sie nur durch die

---

¹) l. c. S. 159.
²) l. c. S. 168.
³) l. c. S. 167.
⁴) l. c. S. 116.
⁵) l. c. S. 122.
⁶) l. c. S. 123.
⁷) l. c. S. 125.

Erfahrung gegeben.¹) Gerade dieser Apriorität wegen sind Daseins- und Denkformen übereinstimmend, im entgegengesetzten Falle wäre wahre Erkenntnis unmöglich. ²) Nach Hartmann geht die Vernunftkritik auf nichts anderes aus, »als die Grenzen des Idealismus zu durchbrechen und zum Realismus durchzudringen,« was ihr aber nur sehr wenig gelungen ist, da die Kategorien Kant's nur subjektive Gültigkeit haben und nicht dazu dienen können, Bestimmungen der transcendentalen Objekte zu sein.³)

8. Ernst Laas.

Laas nennt sich selbst einen Positivisten und erklärt, er vertrete den Relativitäts-Standpunkt des Protagoras. Als Grundlage alles Philosophierens nimmt der Positivismus nur Thatsachen an und erblickt das Wesen der Erkenntnis in der logischen Bearbeitung der durch die Wahrnehmung gebotenen Data.⁴) Allem Idealismus im Sinne des Rationalismus, mit seinen mannigfachen inneren Widersprüchen stellt Laas sich feindlich gegenüber; insbesondere setzt er sich mit der Erkenntnistheorie der Kant'schen Schule auseinander und kommt dabei zu folgenden Resultaten.

In Bezug auf das Apriori Kant's ist eine dreifache Bedeutung⁵) desselben zu unterscheiden: 1. allgemein und notwendig, 2. was vor aller Erfahrung vorhergeht, 3. was im Subjekte begründet liegt. Die absolut unbezweifelte Apodiktizität der mathematischen Erkenntnis vermag Kant nur aus der Apriorität und Subjektivität von Raum und Zeit zu erklären. Gegen die Cohen'sche Apologie Kant's, Raum und Zeit seien bei ihm nicht fertig, sondern lägen nur im Be-

---

¹) l. c. S. 126.
²) l. c. S. 133—35.
³) l. c. S. 11, 17.
⁴) Ideal. u. positivist. Erkenntnistheorie, 1884. S. 407.
⁵) l. c. S. 330.

wufstsein bereit, bemerkt Laas, dafs der Kant'sche Anschauungsraum doch als ein fertiger anzusehen sei: selbst bei Cohen ist das Vermögen zur Raumanschauung schon vor aller Erfahrung vorhanden.[1]) Eine reine Raumanschauung ist nach Laas ein Unding, zum mindesten mufs man sich den eigenen Leib als im Raume befindlich vorstellen.[2]) Überhaupt ist eine nicht empirische Erkenntnisart imaginär. Laas wirft Kant Voreingenommenheit für ein selbst konstruiertes Ideal des Wissenschaft vor, welches er (wie Plato) vor den empirischen Durchführbarkeiten bevorzuge.[3]) Der Unterschied, den Kant zwischen analytischen und synthetischen Urteilen macht, ist nach Laas ein fliefsender.[4]) Gegen die Apriorität der mathematischen Formen und Gesetze bringt Laas folgende drei Haupteinwände vor.[5]) Erstens folgt aus der Konstruktion der mathematischen Gebilde nicht, dafs man dieselben in abstracto denken müsse oder auch nur könne, wohl aber enthält in Verknüpfung mit der Anschauung im mathematischen Urteil der Subjektsbegriff schon das Prädikat in sich. Zweitens ist bei Kant der Unterschied zwischen den freien Konstruktionen der Mathematik und den gebundenen der empirischen Anschauungen zu wenig hervorgehoben. Drittens ist es durchaus unzulässig, Raum und Zeit als subjektive Anschauungsformen hinzustellen und zu sagen, dafs sie in uns seien. Gewifs sind Raum und Zeit keine Klassenbegriffe, sondern sie sind wirklich »notwendige Formen« der Anschauung;[6]) das bedeutet aber nur, dafs sie Bedingungen der äufseren und inneren Erfahrung sind, nicht aber dafs sie blofs subjektiver Natur sind, eine Annahme, die zum Fichte'schen

---

[1]) l. c. S. 422.
[2]) l. c. S. 425.
[3]) l. c. S. 439.
[4]) l. c. S. 441.
[5]) l. c. S. 443—44.
[6]) l. c. S. 444.

Idealismus führen würde.¹) Die von Kant als Beweisgrund angeführte Uniformität der Anschauungsformen ist weiter nichts als eine fundamentale Thatsache, da wir gar keinen Grund haben, »von den Formen der Anschauung jemals andere Gesetze zu erwarten, als diejenigen, die wir beständig an ihnen konstatieren.« ²)

Kant's Annahme der Subjektivität unserer Anschauungsformen ist nach Laas ein Residuum des Leibniz'schen »intellectus ipse« und ist nirgends durch ihn bewiesen.³) Für den Positivismus bedeutet die »wohlverstandene« Idealität von Raum und Zeit, dafs alle räumlichen und zeitlichen Objekte diese Beschaffenheit nur in ihren Relationen zu einander und zuletzt zu dem centralen Standpunkte des erkennenden Subjektes besitzen.⁴) Blos subjektiv und individuell sind für Laas nur die Gefühle, dagegen ist der ganze Empfindungsinhalt ursprünglich objektiv, nicht Modifikation des Ich, sondern des Nicht-Ich.⁵)

Kants Annahme reiner Verstandesbegriffe ist falsch. Das Merkmal der Notwendigkeit ist kein Beweis für die Apriorität der Kategorien, da Notwendigkeit selbst eine Kategorie ist.⁶) »Reine« Verstandesbegriffe sind Undinge; es ist undenkbar, dafs ein Inhalt in eine absolut fremde Form eingehen soll, wir müssen für alle räumlich-zeitlichen Lokalisationen zwingende Motive in den Empfindungsdaten selbst annehmen.⁷) Die Notwendigkeit und Allgemeinheit der Kategorien ist eine empirische, durch Induktion auffindbare Regel, der Verstand schreibt der Natur nicht Gesetze vor, sondern wird sich nur der im Gegebenen präformierten

---

¹) l. c. S. 444.
²) l. c. S. 447.
³) l. c. S. 448.
⁴) l. c. S. 450.
⁵) l. c. S. 453.
⁶) l. c. S. 469.
⁷) l. c. S. 474.

bewufst.[1]) Kant's Beweise für die Idealität der Erscheinungswelt setzen das schon voraus, was sie nachweisen wollen: Ein den Relationen der ins Unendliche fortsetzbaren, kausalgesetzlich determinierten Wahrnehmungswelt zu Grunde liegendes Absolutes, Totales, Freies, Intelligibles.[2]) Dagegen ist für Laas die Frage nach den Dingen an sich, der Relativität unserer Erkenntnis wegen überhaupt undiscutierbar.

9. Alois Riehl.

Riehl, einer der hervorragendsten Vertreter des kritischen Empirismus hat bekanntlich in seinem Werke »Der philosophische Kritizismus« die Resultate seiner umfangreichen Untersuchungen über Wesen und Gültigkeit der Erkenntnis niedergelegt. Kritisch ist sein Unternehmen, weil es, wie Kant's Vernunftkritik nicht auf die Gewinnung metaphysischer Erkenntnis ausgeht, sondern in der Untersuchung des Wissens, seiner Form und seinem Inhalte nach, die einzige lösbare Aufgabe der wissenschaftlichen Philosophie erblickt. Die Ergebnisse seiner Forschungen betreffs der Natur des Apriori stimmen in vielen Punkten mit den noch darzustellenden Ausführungen W. Wundt's überein. Auch die Methode, die er bei seinen Untersuchungen anwendet, weicht nur unbedeutend von derjenigen Wundt's ab. Im Ganzen aber weist das Werk Riehl's eine stärkere Anlehnung an Kant auf. Während Wundt in seinem »System der Philosophie« es meist vermeidet, sich des Näheren mit Kant auseinander zu setzen und direkt von den Thatsachen der äufseren und inneren Erfahrung ausgeht, giebt Riehl zunächst (im ersten Bande seines Werkes) eine gründliche Analyse der Vernunftkritik und macht es sich dann zur Aufgabe die Lücken, die bei Kant sich vorfinden, auszufüllen und dessen Fehler zu korrigieren.

---

[1]) l. c. S. 502.
[2]) l. c. S. 458.

Nach Riehl ist alle Erkenntnis Erfahrungswissen. In der Erfahrung aber sind zwei Bestandteile enthalten: der Wahrnehmungsinhalt, in welchem uns die Mannigfaltigkeit der Empfindungen gegeben wird, und die Gesetzmäfsigkeit des Bewufstseins; letzteres nennt Riehl das »Überempirische in aller Erfahrung.«[1]) Das Bewufstsein ist gleichsam der Ort für die Erscheinungen des Empirischen, die notwendige Voraussetzung desselben.[2]) Es sind also in der Erfahrung apriorische Elemente enthalten; das Apriorische ist aber nicht in reinen Anschauungen und Begriffen gegeben, sondern liegt einzig und allein in der Form des Bewufstseins überhaupt.[3])

Apriorisch sind nach Riehl die Gesetze der allgemeinen Erfahrung, die für jede besondere Erfahrung sich gültig erweisen. Die Trennung von Subjekt und Objekt ist nicht ursprünglich, sondern ein Produkt der Entwicklung des Bewufstseins. Die Empfindungen besitzen an sich Merkmale, die sie als Repräsentanten eines realen Seins erkennen lassen, vor allem darin, dafs sie sich der Thätigkeit des Bewufstseins als ein Gegebenes, von derselben Unabhängiges aufdrängen. »Die Anschauungen der Sinne sind selbst die unmittelbaren Objekte des Wissens, das sinnliche Bewufstsein kennt keine weiteren Objekte aufser ihnen.«[4]) Die wissenschaftliche Reflexion erst führt die allmählich sich entwickelnde Trennung von Subjekt und Objekt zu Ende, indem von dem gesammten Wahrnehmungsinhalte als nur subjektiv sich blofs die Gefühle der Lust und Unlust erweisen, während die übrigen Bestandteile zwar nicht als

---

[1]) Der philosoph Kritizismus u. seine Bedeut. f. d. positive Wissensch. I Bd. 1. Tl. S. 5.
[2]) l. c. S. 5.
[3]) l. c. S. 8. S. 9: »Das Wort Apriori bezeichnet ein begriffl. (nicht zeitl.) Verhältn. zwischen zwei Vorstell. oder Verbindungen von Vorstell.« »Erfahrung ist das thätige Bewufstsein selber.«
[4]) l. c. S. 56.

Dinge an sich, aber doch als die Erscheinungen eines Überempirischen in unserem Bewufstsein anzusehen sind.[1]) Von den Fehlern, die Kant trotz seines eminenten Scharfsinnes nicht vermieden hat, bezeichnet Riehl als einen der schwerwiegendsten die Vernachlässigung der psychologischen Thatsache, dafs die Empfindung nicht allein aus der rein receptiven Natur des Bewufstseins hervorgeht, sondern dafs sie schon eine einfachste psychische Thätigkeit (das Unterschieds-Bewufstsein) einschliefst, die der urteilenden Reflexion gleichartig ist.[2])

Nachdem wir so den allgemeinen Standpunkt, den Riehl inbezug auf das Apriorische in der Erkenntnis einnimmt, erörtert haben, gehen wir an die Darstellung seiner Auffassung der Anschauungsformen Raum und Zeit.

Nach Riehl ist Kant's Irrtum bezüglich der Apriorität der Anschauungsformen in letzter Linie dem Umstande zuzuschreiben, dafs Kant dabei von der mathematischen Form von Raum und Zeit ausgeht; freilich beruhe aber auch darauf die partielle Wahrheit der Kant'schen Ideen.[3]) Kant hat richtig herausgefunden, dafs die Vorstellungen von Raum und Zeit nicht in dem Sinne aus der Erfahrung stammen können, dafs sie einfach aus derselben abstrahiert sind, indem ja jede besondere Erfahrung wirklich diese Vorstellungen schon voraussetzt. Ebenso ist es richtig, dafs Raum und Zeit ein Formales sind, in dem der Empfindungsinhalt sich ordnet. Aber Kant hat nicht bewiesen, dafs die Anschauungsformen völlig unabhängig und trennbar von aller Empfindung sind. Irgend eine Empfindungsqualität mufs stets festgehalten werden, sollen Raum und Zeit nicht blofse Schemata bedeuten; um die Raumform der Gesichts-

---

[1]) D. ph. Kr. 2. Bd. 1. Tl. S. 61—63. S. 72. »Wir erfahren durch den Zwang, womit uns die Mannigfaltigkeit der Empfindungen bestimmt, dafs das Bewufstsein durch eine Wirklichkeit begrenzt wird, die es nicht selber ist.«
[2]) D. ph. Kr. 2. Bd. 1. Tl. S. 43. 1. Bd. S. 25.
[3]) l. c. S. 101.

wahrnehmung zu haben, müssen wir mindestens eine Helligkeits-Empfindung behalten.[1]) Dafs Raum und Zeit als durchaus in sich gleichartige Gebilde sich darstellen, erklärt Riehl durch den Hinweis darauf, dafs überall, wo das Bewufstsein gleichartige Elemente zur Einheit verbunden denkt, der daraus entstandene Begriff als wesentlich einziger erscheine.[2])

Wenn nun Raum und Zeit nicht, wie Kant behauptet, aus apriorischen Formen des Bewufstseins, unabhängig von der Erfahrung, hervorgehen, so können sie ihre Grundlage nur in der Erfahrung haben. Diese Grundlage besteht in der Mannigfaltigkeit der Coexistenz und Succession der Empfindungen.[3]) Für sich allein aber ergiebt diese Mannigfaltigkeit noch nicht die Gleichartigkeit und Continuität der Raum- und Zeitvorstellungen, ihre »logischen Eigenschaften«, wie Riehl sie nennt.[4]) Um diese zu erzeugen mufs noch etwas hinzukommen, was in dem blofsen Erfahrungsinhalt noch nicht vorhanden ist, die Gesetzmäfsigkeit des Bewufstseins, durch dessen synthetische Thätigkeit erst Einheit und Ordnung in die Mannigfaltigkeit der Wahrnehmungen gebracht wird. Die allgemeinen Bedingungen des Bewufstseins sind das einzig Apriorische in den Anschauungen von Raum und Zeit, in diesen aber nicht anders als in aller Wahrnehmung überhaupt.[5]) Da Raum und Zeit die Elemente der Erfahrung sind, so erscheint es begreiflich, dafs sich an ihnen das Bewufstsein am unmittelbarsten bethätigt.[6])

Die Analyse des geistigen Lebens führt zu der Über-

---

[1]) D. ph. Kr. 2. Bd. 1. Tl. S. 101—102.
[2]) l. c. H. 106. S. 93: »Der Raum ist, weil unbeweglich, auch in sich unveränderlich, d. i. gleichartig«. S. 106: »Raum und Zeit sind also einzig in ihrer Art, weil sie Gröfsenbegriffe sind«.
[3]) l. c. S. 186.
[4]) l. c. S. 78.
[5]) l. c. S. 103.
[6]) l. c. H. 100: »Raum und Zeit sind Fundamentalbegriffe aller sinnlichen Erfahrung«.

zeugung, dafs die allgemeinste Form des Bewufstseins, das Bewufstsein κατ' ἐξοχήν, eine Synthese oder vielmehr synthetische Identität ist.[1]) Nur dadurch, dafs das Bewufstsein in seinen Bethätigungen sich stets als identisch mit sich selbst erkennt, ist es im Stande, das Gegebene um sich als Centrum zu ordnen, indem es seine eigene Identität in die Objekte hineinverlegt. Die blofse Succession reicht zur Anschauung der Zeit allein nicht aus; die Zeitvorstellung kommt erst dadurch zustande, dafs das Subjekt in seiner eigenen Identität beständig einen festen Punkt in der Aufeinanderfolge der Empfindungen behält. So ergiebt sich aus der Verbindung der Identität des Bewufstseins mit der Folge der Erscheinungen die Dauer als der wesentlichste Bestandteil der ausgebildeten Zeitvorstellung.[2])

Alle diese Ausführungen endigen mit dem Resultate, dafs Raum und Zeit aus zwei Elementen bestehen, deren eines gegeben ist in der Coexistenz und Succession der Empfindungen und reale Bedeutung hat, weil es aus der bestimmten Mannigfaltigkeit der Empfindungen abstrahiert ist und nicht aus irgend einer Form des Bewufstseins entspringt. Das andere Element besteht in der Identität des erkennenden Subjektes mit sich selbst, in einem synthetischen Akte, der die Mannigfaltigkeit der Empfindungen erst zu den fertigen Raum- und Zeitvorstellungen macht. So sind beide »empirische Grenzbegriffe, deren Inhalt in gleichem Grade für das Bewufstsein, wie für die Wirklichkeit selber giltig ist.«[3])

Das Prinzip der Identität ist aber für Riehl nicht nur ein wesentlicher Faktor für die Entstehung der Anschauungsformen, es ist auch die Quelle unserer Grundbegriffe.

Wenn etwas a priori erkennen soviel heifst, als aus

---
[1]) l. c. S. 78.
[2]) l c. 2. Kap : »Entstehung und Bedeutung der Vorstellungen von Zeit und Raum.
[3]) l. c. S. 73.

Begriffen erkennen, so ist, meint Riehl, die Thatsache, dafs wir eine solche Erkenntnis besitzen, unbestreitbar; die Mathematik und die Naturwissenschaft lehren dies zur Genüge. Wie verhält es sich nun mit der Entstehung der allgemeinsten Begriffe, der Kategorien? Riehl bezeichnet die Denkbegriffe als »die durch Reflexion bewufst gewordene Gesetzlichkeit des Denkens.«[1]) Es giebt nach ihm keine apriorischen, ursprünglichen Formen des Denkens, die unabhängig von aller Erfahrung sich entwickeln sollen, aus ähnlichen Gründen, wie das Nichtvorhandensein reiner Anschauungsformen dargethan wurde. Kant hat nicht Unrecht, wenn er behauptet, dafs die allgemeinsten Begriffe nicht aus der Erfahrung herstammen; sie würden thatsächlich niemals gebildet werden können, wenn ihnen nicht etwas Apriorisches zu Grunde läge. Dieses apriorische Moment besteht aber nur in der formalen Einheit des Bewufstseins; aus derselben entspringen die Gedankenformen in der Weise, dafs ihre Verwirklichung nur an den Gegenständen und ihren Verbindungen stattfinden kann.[2]) »Die Kategorien stammen aus einem einzigen obersten Prinzipe her, dem Prinzipe der Einheit und Erhaltung des Bewufstseins überhaupt.«[3]) So sind die allgemeinen Verstandesformen in keinem anderen Sinne apriorisch, als eine jede Vorstellung ist. »Jede Vorstellung ist ein Produkt der besonderen Erfahrungen in die Gesetze der allgemeinen, welche letztere allein, erkenntnistheoretisch genommen, apriorisch ist.«[4])

Die Analyse des Bewufstseins legt uns auch den Umfang und die Grenzen der Erkenntnis klar. Die Anschauungsformen Raum und Zeit sind zugleich Gröfsenbegriffe, »die in den Verhältnissen der Mannigfaltigkeit der Empfindungen

---

[1]) D. ph. Krit. 1. Bd. S. 276.
[2]) D. ph. Krit. 1. Bd. S. 384.
[3]) D. ph. Kr. 1. Bd. S. 68.
[4]) l. c. S. 8.

ihre empirischen, realen, in den logischen Fähigkeiten unseres Geistes ihre ideellen Grundlagen haben.«[1]) Ebenso verhält es sich mit den allgemeinen Erfahrungsbegriffen.[2]) Indem Riehl den von Herbart betonten Satz: »In der Form des Wissens liegt zugleich sein Gehalt« adoptiert, gelangt er zu dem Resultate, dafs zwischen den logischen Formen der Erscheinungen und den einfachsten Verhältnissen der Realität eine Congruenz existiert.[3]) Erkennbar sind für uns also die Grenzen der Dinge; damit ist zugleich angedeutet, dafs wir über das Ansich der Dinge nichts wissen können und eine Metaphysik in dem Sinne einer solchen Erkenntnis unbrauchbar ist.

Wir haben gesehen, dafs bei Riehl die Apriorität einzig und allein für die allgemeine Gesetzmäfsigkeit des Bewufstseins, welche in der synthetischen Identität desselben wurzelt, Gültigkeit hat. Auf diese Weise hat Riehl den Kant'schen Begriff der »tanscendentalen Apperception« weiter entwickelt und sich dadurch das Verdienst erworben, alles dunkle und Unbestimmte, das in diesem Begriffe noch enthalten ist, aus ihm entfernt und in ihm einen überaus wichtigen und erkenntnistheoretischen Faktor erkannt zu haben.

10. Wilhelm Wundt.

Die erkenntnistheoretischen Probleme behandelt Wundt in seiner »Logik«, dem »System der Philosophie« und in einzelnen Abhandlungen, von denen die wichtigste für das Verständnis der Stellung, die Wundt zu Kant nimmt, den Titel »Was soll uns Kant nicht sein?« trägt. Gewissermafsen eine Parallel-Schrift zu Paulsen's Essay, »was uns Kant sein kann«, mag uns diese Abhandlung als vortrefflicher Leit-

---

[1]) D. ph. Kr. 2. Bd. 1. Tl. S. 107.
[2]) Vgl. d. ph. Kr. 1. Bd. S. 11: »Die Kategorien sind die allgemeinen appercipierenden Vorstellungen«.
[3]) l. c S. 24

faden für eine kurze, einleitende Darstellung der erkenntnistheoretischen Grundanschauungen Wundt's dienen.

Auf die Frage, »was soll uns Kant nicht sein«, giebt Wundt die Antwort: »Er soll uns nicht sein ein Lebender unter Lebenden.«[1]) Die Philosophie hat sich davor zu hüten, Kant zu dogmatisieren, d. h. gewisse Sätze, die er ausgesprochen hat, einfach als unangreifbar hinzustellen. Soll Kant's Bedeutung actuell bleiben, so mufs die Erkenntnistheorie diejenigen Punkte, die bei Kant nicht sicher gestellt erscheinen, von neuem ins Auge fassen. Dem gemäfs erweist es sich als eine wichtige Aufgabe der Erkenntniswissenschaft die logischen Motive nachzuweisen, die zu einer Trennung der Anschauungsformen von dem Stoffe der Empfindungen führen müssen.[2]) Gehen wir dieser Untersuchung nach, so kommen wir zu der Überzeugung, dafs es insbesondere zwei Arten von Bedingungen sind, die zur Annahme apriorischer Erkenntniselemente notwendig führen: Die Konstanz der Anschauungsformen gegenüber dem wechselnden Empfindungsinhalte, und eine Anzahl logischer Motive. Da Kant vorwiegend die erste dieser Bedingungen berücksichtigt hat, so ergiebt sich die Notwendigkeit, diese Lücke ergänzend auszufüllen.[3]) In der Ausführung dieser Aufgabe glaubt Wundt »in doppelter Beziehung weiter gegangen zu sein als Kant.« Erstens herrsche in seiner Erkenntnistheorie das Bestreben, nachzuweisen, dafs die Anschauungsformen und Verstandesbegriffe nicht, wie Kant meint, dem Bewufstsein ursprünglich gegeben sind, sondern vielmehr den allgemeinen Denkgesetzen gemäfs, sich allmählich entwickeln,[4]) um dann ihrerseits auf die Anschauung umbildend zurück zu wirken. Zweitens ist Wundt bemüht gewesen, darzuthun, dafs die Erkenntnis nur aus der Er-

---

[1]) Was soll uns Kant nicht sein? Philosoph. Studien. Bd. 7. S. 7.
[2]) l. c. S. 15.
[3]) l. c. S. 19.
[4]) l. c. S. 29, S. 47.

fahrung hervorgeht, aber nicht aus der Erfahrung des gemeinen Verstandes allein, sondern aus der durch das Denken berichtigten und erweiterten wissenschaftlichen Erfahrung.[1]) Die sonstigen in dieser Schrift enthaltenen Bemerkungen, die sich auf das Apriori beziehen — da sie wesentlich mit den Ausführungen Wundt's in seinen Hauptschriften übereinstimmen — übergehen wir hier. In der Begründung seiner Erkenntnistheorie, insbesondere seiner Auffassung des Apriori, geht Wundt von derjenigen Thatsache aus, deren Nichtbeachtung verhängnisvoll für die Philosophie Kant's geworden ist, von der Thatsache nämlich, dafs die Trennung von Subjekt und Objekt keine ursprünglich gegebene ist, sondern als ein Produkt der sich entwickelnden Reflexion betrachtet werden mufs.[2]) Ursprünglich ist die Vorstellung im Bewufstsein gegeben als ungetrennte Einheit; erst allmählich lernen wir darin einen subjektiven Teil von einen entgegenstehenden objektiven Teile unterscheiden.[3]) Hält man daran fest, dafs die Dinge ursprünglich nichts anderes sind als die objektive Seite unserer Vorstellungen, so ist der Sprung von Vorstellungen auf Dinge an sich vermieden.[4]) Eine weitergehende Analyse der Erkenntnis zeigt, dafs es nirgends eine Anschauung ohne Denken, aber auch kein Denken ohne irgend einen Inhalt giebt.[5]) Nur an seinem gegebenen Inhalte bethätigt sich das Denken in einer Gesetzmäfsigkeit, in ihm nur hat es seine reale Existenz; ein reines Denken ist uns ebenso wenig als eine reine Anschauung gegeben.[6]) Auch ist das Denken

---

[1]) l. c. S. 47.
[2]) Logik, I. 2. A. S. 424: »Ursprünglich ist die Vorstellung eines Gegenstandes eins mit dem Gegenstande«.
[3]) System der Philosophie. 1889. S. 92—101.
[4]) l. c. S. 104.
[5]) l. c. S. 120.
[6]) Logik I. 2. A. S. 435: »Das Denken ist keine leere Form, der abgesehen von jedem Inhalt irgend eine reale Existenz zukommen könnte.«

gar nicht geeignet, Realität zu schaffen; Realität ist unmittelbar vorhanden in der Existenz einer objektiven Welt, und es ist eine wichtige Aufgabe der Erkenntnislehre, die unmittelbare Erkenntnis des Daseins aller Realität aufser uns zu sichern und zu einem begrifflichen Wissen von ihrer Existenzart zu bearbeiten.[1])

Kant war vollkommen im Rechte, wenn er die Wahrnehmung in Stoff und Form schied.[2]) Der fundamentale Fehler aber, den Kant begangen hat, besteht nach Wundt darin, dafs er ohne weiteres von der Voraussetzung ausgeht, das Formale in der Wahrnehmung könne, weil allgemein und notwendig, nicht vermittelst der Erfahrung gegeben sein, sondern müsse, als in uns liegend, als Formen reines Anschauens und Denkens betrachtet werden. Für diese Behauptung hat Kant keinen gültigen Beweis erbracht, Dafs die Sätze der reinen Mathematik und Naturwissenschaft apodiktisch lauten, kann nicht unschwer aus dem Umstande erklärt werden, dafs das Denken gerade an den formalen Bestimmungen der Dinge, welche sich durch ihre Constanz und Allgemeinheit auszeichnen, am unmittelbarsten und einfachsten in seiner Gesetzmäfsigkeit sich zu bethätigen vermag.[3]) Der Satz, dafs jede Erfahrung gewisse Formen als die Bedingungen ihres Zustandekommens voraussetzt, behält seine Gültigkeit mit einer gewissen Einschränkung, indem diese formalen Bedingungen aller einzelnen Erfahrungen selbst einfachste und allgemeinste Erfahrungen sind.[4]) Damit ist eines der Motive, welche Kant veranlafsten, die

---

[1]) l. c. S. 103.
[2]) System der Philos. S. 118: »Die formalen Bestandteile des Wahrnehmungsinhaltes erweisen sich als unabhängig von dem wechselnden Stoff der Empfindungen.« S. 202: »Die Scheidung in Form und Inhalt ist nicht ursprünglich, sondern ein Produkt des Denkens.«
[3])Logik I. 1. A. S. 387.
[4]) Logik I. 2. A. S. 435: »Raum und Zeit sind die letzten Reste der einzelnen Wahrnehmungen.«

Existenz einer aprioristischen Erkenntnis zu postulieren, beseitigt. Die Beweisführungen Kant's für die Apriorität der Anschauungsformen weist Wundt als zum Teile unzureichend, zum anderen Teile als aus falschen Prämissen hervorgegangen, zurück.¹) Wenn Kant sagt »das Zugleichsein oder Aufeinanderfolgen würde nicht in die Wahrnehmung kommen, wenn die Vorstellung der Zeit nicht a priori zu Grunde läge«, so läfst sich, meint Wundt, darauf erwidern, dafs die Vorstellung der Zeit niemals entstehen würde, wäre nicht eine ihr entsprechende Ordnung in der Wahrnehmung gegeben. Ebenso wird ein zweiter Beweis der Zeitanschauung widerlegt, wenn man beachtet, dafs man die Zeit nicht ohne Erscheinungen in ihr denken kann, wohl aber bei den Empfindungen sich von ihrer zeitlichen Bestimmung abstrahieren läfst. In einer dritten Behauptung Kant's »die Axiome, dafs die Zeit nur eine Dimension habe und verschiedene Zeiten nur nacheinander sind, können nicht aus der Erfahrung gezogen sein, weil sie apodiktische Gewifsheit besitzen«, findet Wundt die Thatsache nicht berücksichtigt, dafs diese Axiome nur aus der inneren Erfahrung gezogen sein können, weil sie, getrennt von der Aufeinanderfolge der Vorstellungen, völlig gegenstandslos sind, indem in einer leeren Zeit weder ein Verlauf, noch eine Aufeinanderfolge stattfindet.²)

Nicht besser steht es um die Haltbarkeit der Kant'schen Beweise für die Apriorität der Raumanschauung. Es ist nicht wahr, dafs wir von jedem Wahrnehmungsinhalte abstrahieren können und dann die reine Raumanschauung zurück bleibe; irgend ein Bestandteil der Empfindungsqualitäten mufs immer noch bleiben, soll nicht von einem leeren Begriff die Rede sein.³) Da wir durchaus keinen Anlafs haben, einen Bestandteil, der in aller Wahrnehmung anzutreffen ist, anders als mit den übrigen Bestandteilen innig verknüpft zu

---

¹) Logik I. 1. A. 3. Kap. S. 428 ff.
²) l. c. S. 429.
³) l. c. S. 449—50.

denken, so ist kein Grund vorhanden, in der Constanz und Notwendigkeit der Raumanschauung ein Merkmal ihrer Apriorität zu erblicken.[1]) Vielmehr weist diese Notwendigkeit und Allgemeinheit gerade darauf hin, dafs das Formale unserer Wahrnehmung nicht nur subjektiv, sondern auch objektiv begründet ist. Subjektiv sind die Anschauungsformen nur in dem Mafse, als es eine jede Wahrnehmung überhaupt ist, da uns die Dinge nicht unabhängig vom Bewufstsein gegeben sind und sich an allem Gegebenen zugleich die allgemeinen Gesetze des Denkens als wirksam erweisen. Psychologisch ist die fertige, ausgebildete Raumvorstellung als aus einer »psychischen Synthese« hervorgegangen zu denken,[2]) indem qualitative Lokalzeichen und intensiv abgestufte Bewegungsempfindungen im Bewufstsein eine innige Verbindung eingehen, als deren Resultat — ähnlich wie bei chemischen Prozessen — die ausgebildete Raumvorstellung als ein neues Gebilde sich darstellt.

Die Thatsache, dafs ein wesentliches Moment der Einzelwissenschaften sowohl, als auch ihres Abschlusses, der Philosophie, in dem Bestreben liegt, den gesamten Empfindungsinhalt immer mehr in das erkennende Subjekt hinein zu ziehen, wird begreiflich, wenn man bedenkt, dafs dieser Inhalt als objektiv existierende Realität betrachtet, zu einer Menge von Widersprüchen führt, deren Beseitigung die Hauptaufgabe der Wissenschaft bildet.[3]) Dies verhält sich aber nicht ebenso mit dem formalen Bestandteile der Wahrnehmung; hier ergiebt sich nirgends ein Grund, die räumlichen und zeitlichen Formen aus ihrer objektiven Stellung zu verdrängen. Als ein principielles Gesetz stellt Wundt den durch Erfahrung erhärteten Satz auf, dafs, während eine Veränderung des Empfindungsinhaltes nicht notwendig von einer Veränderung

---

[1]) l. c. S. 452: »In der ausnahmslosen empirischen Gültigkeit der geom. Sätze liegt also ein zureichender Grund ihrer Notwendigkeit.«

[2]) l. c. S. 458—59.

[3]) System d. Philos. S. 144, S. 170, 177.

des formalen Elementes begleitet ist, jede Veränderung des räumlichen oder zeitlichen Bestandteiles zugleich einen Wechsel in der Beschaffenheit der Empfindungen herbeiführt. Diese Thatsache bezeichnet Wundt als das »Princip der unabhängigen Variation von Raum und Zeit.«[1]) Das Ergebnis aller seiner Untersuchungen bezüglich der Natur der Anschauungsformen formuliert Wundt folgendermafsen: »Raum und Zeit sind weder selbständige Wahrnehmungen noch in uns liegende Anschauungsformen, sondern sie sind lediglich die constanten Formen, die allen unseren Anschauungen zukommen und an denen sich darum auch die Gesetze des Denkens am unmittelbarsten uns darstellen müssen. Diese Gesetze, der Anschauung und des Denkens, sind aber, da es kein Denken ohne Inhalt giebt, nichts anderes als die allgemeinsten Gesetze des Denkinhaltes oder der Dinge selbst.«[2])

Erweist sich so für Wundt die von Kant statuierte Apriorität der Anschauungsformen als nicht vorhanden, so bleibt doch die Frage zu beantworten, ob das Apriori nicht etwa für die begriffliche Erkenntnis Gültigkeit behält. Aus der bisherigen Darstellung der erkenntnistheoretischen Principien Wundt's ist schon leicht zu ersehen, dafs auch diese Frage nicht dieselbe Antwort wie bei Kant erhält. Wie die Existenz reiner apriorischer Anschauungen sich auf keine Weise feststellen lässt, so kann auch von der Annahme einer bestimmten Anzahl von Verstandesformen, die im Bewufstsein ursprünglich liegen sollen, um auf die einzelnen Fälle der Erfahrung Anwendung zu finden, keine Rede sein. Müssen wir die innere Erfahrung als eine anschauliche ansehen, so ist dagegen alle sich auf die Aufsenwelt beziehende Erfahrung in ihrer Verarbeitung durch das Denken begrifflich.[3]) Das Wesen der Dinge ist uns also nur begrifflich

---

[1]) l. c. S. 118.
[2]) Logik I 1. A. S. 307.
[3]) System d. Phil. S. 145.

gegeben; haben wir aber deshalb nur Erscheinungen vor uns, deren Formen, wie Kant behauptet, nur Zuthaten des erkennenden Ich sind und deren wahre Existenz uns völlig unbekannt bleiben mufs? Keineswegs, antwortet Wundt. Die Thatsache, dafs uns die Dinge nur als Vorstellungsobjekte gegeben sind, deutet auf nichts anderes hin, als dafs wir dieselben nicht unmittelbar, sondern in Gestalt von Symbolen haben, die sich auf sie notwendig beziehen müssen.[1]
Die Erkenntnis beginnt mit einzelnen Erfahrungsbegriffen und steigt zu allgemeinen oder Klassenbegriffen auf.[2] Von den Erfahrungsbegriffen im allgemeinen Sinne unterscheidet Wundt die reinen Erfahrungsbegriffe. Mit den Kant'schen Kategorien aber haben diese Verstandesbegriffe fast nichts gemein. Die Kategorien sind Formen des Denkens, die dem Bewufstsein ursprünglich gegeben sind und die in Verbindung mit dem Vorstellungsstoffe Erfahrung zu Stande kommen lassen, indem sie zu allen einzelnen Erfahrungen notwendig hinzugedacht werden. Hingegen sind für Wundt die Verstandesbegriffe nicht Gebilde, welche ihrem Wesen nach völlig verschieden sind von den Erfahrungsbegriffen.[3] Der Ausdruck »reine Verstandesbegriffe« will nur besagen, dafs sich in dieser Art von Begriffen (die wiederum in formale und reale Verstandesbegriffe zerfallen) die allgemeinen Denkgesetze, also das Bewufstsein in seiner Thätigkeit selbst, unmittelbar bekunden. In Wirklichkeit sind also auch diese Begriffe Produkte der Erfahrung in dem Sinne, dafs stets bestimmte Erfahrungen

---

[1] l. c. S. 153.

[2] Logik I. 2. A. S. 423: »Alle objektive Erkenntnis ist stets ein Resultat der Bearbeitung unmittelbar gegebener Thatsachen des Bewufstseins durch das Denken.«

[3] l. c. S. 239: »Die reinen Verstandesbegriffe sind demnach nicht Formen, die apriori in uns liegen, bereit, jeden beliebigen Erfahrungsbegriff zu umfassen, sondern sie sind die letzten Stufen jener logischen Verarbeitung des Wahrnehmungsinhaltes, welche mit den empirischen Einzelbegriffen beginnt.«

das Material darbieten müssen, an welchem sich die beziehend-vergleichende Funktion des Bewufstseins bethätigt.[1] »In uns liegen lediglich die allgemeinen Funktionen des logischen Denkens, also jene Thätigkeit der beziehenden Vergleichung, die in den logischen Grundgesetzen ihren abstrakten Ausdruck finden und die selbst den Wahrnehmungsinhalt als das adäquate Material ihrer Wirksamkeit voraussetzen.«[2]

Es liegt nach obigen Ausführungen auf der Hand, dafs das Wesen und der Umfang des Apriorischen in unserer Erkenntnis bei Wundt anders gefafst ist als bei Kant. Stellt letzterer die Behauptung auf, es gäbe aufser dem Stoffe der Erfahrung noch besondere Formen, reine Anschauungen und Begriffe, die ursprünglich im Bewufstsein liegen, so reduciert sich bei Wundt das Apriori auf die allgemeine Natur und die logischen Grundgesetze des Bewufstseins. Wundt lehrt ebenso wie Riehl nicht einen reinen Empirismus wie Locke ihn durchzuführen bemüht war. Mit richtigem Verständnisse des Leibniz'schen Satzes: »nihil est in intellectu quod non prius fuerit in sensu, nisi intellectus ipse,« hat er in befriedigender Weise das Verhältnis der durch das Denken verarbeiteten Bestandteile der Erfahrung zu einander dargethan.

---

[1] l. c. S. 236: Die allgemeinen Erfahrungsbegriffe bringen Ordnung in unsere Begriffswelt.«
[2] l. c. S. 210.

III. Abschnitt.

Die Bedeutung der Aprioritätslehre für die moderne Erkenntnistheorie.

Kant's Vernunftkritik ist bekanntlich das Produkt einer langen geistigen Entwicklung des Philosophen und es ist daher begreiflich, dafs das Werk verschiedenartige Elemente in sich enthält. Ausgegangen von dem Bestreben, die Schulmetaphysik, die in dem Zeitalter der Aufklärung immer mehr verflacht und an Ansehen gesunken war, völlig als eine Scheinwissenschaft zu enthüllen, war Kant, wie er selbst in der Einleitung zu den »Prolegomena« erwähnt, durch den Einflufs Hume's zu seinem kritischen Unternehmen angespornt worden. In der Ausführung desselben ist Kant bemüht voraussetzungslos vorzugehen, ähnlich wie es Descartes in seinen »meditationes« versucht. Aber eine völlige Voraussetzungslosigkeit ist für jeden Philosophen, für jeden Denker überhaupt weiter nichts als eine Selbsttäuschung, die sich oft schwer rächt. Für jeden Philosophen wirken bei der Begründung eines Systemes eine Menge von Faktoren mit, die sich auf keine Weise eliminieren lassen.

Wir dürfen nicht vergessen, dafs Kant nicht nur Philosoph, sondern auch mit der Naturwissenschaft sehr vertraut war. Der Beschäftigung mit den Naturwissenschaften hat Kant es in erster Linie zu verdanken, dafs er als Philosoph in einer Zeit, da der Ontologismus im höchsten Schwunge war, seinen nüchternen Sinn, mit dem er die Thatsachen betrachtet und zergliedert, bewahrt hat. Die Neigung, die Erfahrung als den Ausgangspunkt der Erkenntnis anzusehen, die aus Kant's naturwissenschaftlicher Thätigkeit sich entwickeln mufste, befestigte sich durch seine Bekanntschaft mit dem englischen Empirismus. Kant war aber nicht nur

Naturforscher und im gewissen Sinne Empirist, er war auch und zwar von Haus aus, Vertreter der sogen. Leibniz-Wolff'schen Philosophie, die er aber in selbständiger Weise vorgetragen hat. Im Verlaufe seiner philosophischen Entwicklung gewann er immer mehr die Überzeugung, dafs die metaphysischen Begriffsconstruktionen Wolf's keinen festen Boden haben. Die Methode der Naturwissenschaft mufste ihn mifstrauisch machen gegenüber den rein begrifflich deducierten Axiomen und Postulaten der Metaphysiker. Die Lehre von den angeborenen Ideen, die von Plato bis herunter zu Wolf eine so grofse Rolle in der Philosophie gespielt hatte, erschien ihm, wenigstens in den Fassungen, in denen sie aufgetreten war, unhaltbar. Und doch sind es gerade die »ewigen Wahrheiten«, die für Kant's Vernunftkritik von eminenter Bedeutung geworden sind. Seine ganze Trennung der Vorstellung in einen zufälligen, empirischen und einen notwendigen, in aller Erfahrung vorkommenden Bestandteil, geht zum guten Teile aus einer innigen Anlehnung an die alte Lehre von den »aeternae veritates« hervor. Nur die Motive und die Art der Durchführung sind anders als beim Rationalismus. Letzterer hatte aus ethischen Gründen gewisse Begriffe als notwendige, angeborene Wahrheiten — gewissermafsen Geschenke Gottes — angesehen, um sie vor der Zufälligkeit subjektiver Ansichten zu bewahren. Kant giebt die Formen der Anschauung und des Denkens als notwendig und allgemein, im gewissen Sinne auch als angeboren aus und zwar thut er dies in letzter Linie, um die Gesetze der materiellen Welt vor den Anfeindungen des Skeptizismus zu sichern. So sind denn im Grunde genommen Kant's »reine« Anschauungen und Begriffe nichts anderes als eines der letzten Stadien der Platonisch-Aristotelischen Lehre von den angeborenen Ideen. Nicht als ob Kant in bewufster Weise diese Lehre zu seinem Begriffe des Apriori umgearbeitet hätte, eine solche Annahme würde sicherlich den Thatsachen widersprechen. Aber es erscheint vom psychologischen Standpunkt aus verständlich, dafs Kant bei der Suche nach dem Kriterium und der Quelle der Wahrheit zu der Annahme apriorischer Erkenntnisformen kam, nachdem er einmal eingesehen hatte, dafs kein Bewufstseinsinhalt als solcher angeboren sein könne, und er doch die blofse Erfahrung nicht als alleinigen Faktor der Erkenntnis betrachten wollte und konnte. So kommt es, dafs Kant sich selbst die Frage vorlegt: Was ist es, was uns eine objektive Erkenntnis verschafft? Die blofse Wahrnehmung, meint er, hat etwas Zufälliges an sich, für die notwendige und allgemeingültige Erkenntnis reicht die Erfahrung nicht aus. Thatsächlich haben wir aber eine solche Erkenntnis in der reinen Mathematik und Naturwissenschaft; woher entspringt sie also? Kant's Fragestellung und seine Erledigung derselben lassen sich folgendermafsen formulieren:

Keine Erfahrung kann uns allgemeine und notwendige Erkenntnis geben.

Einige Erkenntnis ist allgemein und notwendig (Mathematik und Naturwissenschaft).

Also kann unsere Erkenntnis, insoweit sie notwendig und allgemeingültig ist, nur aus bestimmten ursprünglichen Formen des Bewufstseins hervorgehen.

In dieser Schlufsfolgerung, welche die Grundlage der ganzen Vernunftkritik bildet, stecken zwei Fehler, die genau genommen nur zwei Seiten eines Fehlers repräsentieren; der erste steckt im Obersatze, der zweite in der Konklusion. Die Behauptung, dafs Erfahrung keine Erkenntnis von strenger Notwendigkeit und Allgemeingültigkeit geben könne, ist rein dogmatisch aufgestellt, eine der bei Kant öfter vorkommenden Übertreibungen richtiger Grundgedanken. Was er behauptet, gilt höchstens für die einzelne, isolierte, aber durchaus nicht für die allgemeine, durch das Denken berichtigte Erfahrung. Aber selbst wenn wir die Richtigkeit des Obersatzes zugeben wollen, so bliebe noch ein Fehler im Schlufssatze. Wenn Erfahrung an sich kein apodiktisches Wissen verschafft, so würde sich daraus nur die Annahme ergeben, dafs die allgemeine Gesetzmäfsigkeit des Bewufstseins als der apriorische Faktor in aller Erkenntnis in Betracht zu ziehen ist. Damit ist nun weiter nichts gesagt, als dafs zum Zustandekommen von Erfahrung, es aufser dem Gegebenen noch eines erkennenden Bewufstseins bedarf, dessen Thätigkeit in dem die Erfahrung konstituierenden Erkenntnisprozesse sich äufsert.

Es mufs freilich zugegeben werden, dafs vor Kant mit wenigen Ausnahmen nirgends eine richtige Auffassung des Erkenntnisprozesses zu finden ist; überall Einseitigkeiten und wieder Einseitigkeiten. Fast bis auf Kant herab spaltet sich die Erkenntnislehre in eine rationalistische und eine sensualistische Richtung. Der Rationalismus macht aus dem erkennenden Bewufstsein mehr oder minder einen Zauberborn, in dessen Tiefe Erkenntnisse schlummern, die durch die Fee Erfahrung nur hervor gelockt zu werden brauchen, um als stolze Begriffs-Ritter allen Anmafsungen der Skepsis Hohn zu sprechen. Dagegen erblickt der Sensualismus im Bewufstsein nur eine leere Tafel, an welcher die Aufsenwelt ihre Eindrücke der Reihe nach verzeichnet, die sich nun von selbst so lange schieben und drängen, bis sie hübsch in Ordnung gebracht sind und die Aufsenwelt abspiegeln.

Nach einigen Ansätzen zum Besseren (Locke, Leibniz, Tetens) tritt Kant mit seiner tief in die Unwissenschaftlichkeit der früheren Erkenntnislehre und Metaphysik einschneidenden Vernunftkritik auf. »Gebt den Sinnen, was den Sinnen, der Vernunft, was der Vernunft gebührt!« Diesen Satz könnte man als Motto seinem kritischen Unternehmen voranstellen. Aus der Erfahrung stammt alles Wissen, reine Vernunft bringt nichts zu Stande als Phantasiegebilde oder höchstens Ideen, die wohl einen praktischen, aber keinen theoretischen Wert besitzen. Aber deshalb hat der Sensualismus noch lange nicht Recht; so leicht geht der Erkenntnisprozefs nicht von statten, dafs die Seele als empfindliche Platte die Erkenntnis in sich aufnimmt, ohne jede Mitwirkung ihrerseits, sondern der gegebene Wahrnehmungs-Stoff mufs, damit Erkenntnis zu Stande komme, durch die gesetzmäfsige Thätigkeit des Bewufstseins bearbeitet werden. Das ist der gesunde Kern unter den mannigfachen, inhaltlich und formell nachteiligen Umhüllungen der Vernunftkritik. In der Vermittlung zwischen Rationalismus und sensualistischem Empirismus erblicken wir die Hauptbedeutung der theoretischen Philosophie Kant's; geringe, unwichtige Abzweigungen ausgenommen, kann man sagen, dafs durch ihn der Streit zwischen Rationalismus und Sensualismus endgültig geschlichtet ist.

Aus unserer historischen Darstellung haben wir gesehen, dafs still und ruhig neben und in dem Lärm der metaphysischen Spekulationen die Weiterbildung der erkenntnistheoretisch bedeutsamen Momente der Kant'schen Philosophie ihren Gang genommen hat. Kant selbst ist in seiner Neubegründung der Erkenntnistheorie auf halbem Wege stehen geblieben und hat trotz seiner kritischen Methode nur zum Teile die richtigen Lösungen gefunden. In der Nachkant'schen Philosophie haben die Schwächen und Lücken der Kant'schen Erkenntnistheorie, bei Freunden und Gegnern, ihre Widerlegung resp. ihre Ergänzung gefunden. Wie eine ewige Krankheit haben sich in der Nachkant'schen Philosophie die reinen Anschauungs- und Denkformen zu erhalten gewufst. In der Hinwegräumung des unnützen Ballastes der apriorischen Formen und in der Aufstellung einer befriedigenderen Theorie betreffs des Wesens der Erkenntnis als Ersatz für dieselben besteht das Hauptverdienst des modernen kritischen Empirismus. Niemals aber dürfen wir vergessen, dafs sowohl methodologisch als auch sachlich die Vernunftkritik das Vorbild für jede wissenschaftliche Erkenntnistheorie bildet. Es sind insbesondere drei Kant'sche Begriffe, die als das Constante im Wechsel der Meinungen sich erhalten haben: die Formalität der Raum- und Zeitanschauung gegenüber dem Empfindungsinhalte, die Spontaneität des Denkens und die Einheit der Apperception oder die synthetische Natur des Bewufstseins.